ॐ

BHAGAVAD GITA

as Recited vs as Written

SADHVI HEMSWAROOPA
Ashwini Kumar Aggarwal

जय गुरुदेव

© 2022, Author

ISBN13: 978-93-95766-22-7 Paperback Edition
ISBN13: 978-93-95766-23-4 Hardbound Edition
ISBN13: 978-93-95766-24-1 Digital Edition

This work is licensed under a Creative Commons Attribution 4.0 International License. Please visit
https://creativecommons.org/licenses/by/4.0/

Title: **Bhagavad Gita as Recited vs as Written**
Author: **Ashwini Kumar Aggarwal, Sadhvi Hemswaroopa**

Printed and Published by
Devotees of Sri Sri Ravi Shankar Ashram
34 Sunny Enclave, Devigarh Road,
Patiala 147001, Punjab, India

https://advaita56.weebly.com/
The Art of Living Centre

https://www.artofliving.org/

3rd Dec 2022 Margashirsha Shukla Paksha Ekadashi, Gita Jayanti - the day when it was sung by the Lord to Arjuna on the plains of Kurukshetra, Revati Nakshatra, Shishir Ritu, Dakshinayana.
On this day in 1910 Neon lights lit for first time for public in Paris, 1926 Agatha Christie's disappearance for 11 days remains an unsolved mystery, 1967 Christiaan Barnard does first heart transplant in South Africa, 2019 Sundar Pichai becomes CEO of Google and Alphabet as Larry Page and Sergey Brin step down.
Vikram Samvat 2079 Nala, Saka Era 1944 Shubhakrit

1st Edition December 2022

जय गुरुदेव

Dedication

H H Sri Sri Ravi Shankar
       the Master of KARMA YOGA, DHYANA, JNANA, BHAKTI, BLISS

An offering at His Lotus feet

Blessing

There is that Natural Inquisitiveness, WANTING to KNOW.

Bhakti is not against Knowledge. Lord Krishna says, when there's devotion, it incorporates knowledge within itself.

KNOWLEDGE leads you to DEVOTION, and devotion in turn invokes wisdom from within you.

H H Sri Sri Ravi Shankar
Discourse on Bhagavad Gita 13th Chapter at Bangalore Ashram
13 to 15 Aug 2017

Table of Contents

INTRODUCTION   8

CHANTING GUIDELINES   10

THE SANSKRIT ALPHABET   12

    ALPHABET AS COMMONLY WRITTEN   13

PRONUNCIATION OF SANSKRIT LETTERS   14

    PLACE & EFFORT OF ENUNCIATION   15

TUNE OF CHANTING THE BHAGAVAD GITA   17

    ANUSHTUP METER THE MAIN TUNE   18

GITA DHYANAM   19

PRAYER INVOCATION   19

BHAGAVAD GITA RECITATION VS WRITTEN   20

1 YOGA OF MEETING ONESELF   20
2 YOGA OF MEETING THE LORD   29
3 YOGA OF RIGHT CHOICES IN LIFE   43
4 YOGA OF INTENTION   51
5 YOGA OF CALMNESS   59
6 YOGA OF SELF CONTROL   65
7 YOGA OF DIVINE QUALITIES   74
8 YOGA OF DEMYSTIFYING DEATH   80
9 YOGA OF ROYAL SECRETS   86
10 YOGA OF DIVINE MANIFESTATIONS   93
11 YOGA OF THE COSMIC PERSON   101

12 Yoga of Devotion		117
13 Yoga of Matter and Consciousness		121
14 Yoga of Three Creative Energies		128
15 Yoga of The Ideal Man		134
16 Yoga of Good and Bad Habits		139
17 Yoga of Sattva Rajas Tamas		144
18 Yoga of Liberation		150
	Ending Prayer	164
	Gita Mahatmyam	164

PANINI'S ASHTADHYAYI RULES FOR HRSVA DIRGHA — 165

SAMPLE VERSES RECITATION NOTES — 175

धर्मक्षेत्रे कुरुक्षेत्रे , समवेता युयुत्सवः ।	175
मामकाः पाण्डवाश्चैव , किमकुर्वत सञ्जय ॥ १.१	175
अस्माकं तु विशिष्टा ये , तान्निबोध द्विजोत्तम ।	175
नायका मम सैन्यस्य , सञ्ज्ञार्थं तान्ब्रवीमि ते ॥ १.७	175
अन्ये च बहवः शूरा , मदर्थे त्यक्तजीविताः ।	175
नानाशस्त्रप्रहरणाः , सर्वे युद्धविशारदाः ॥ १.९	175
पाञ्चजन्यं हृषीकेशो , देवदत्तं धनञ्जयः ।	175
पौण्ड्रं दध्मौ महाशङ्खं , भीमकर्मा वृकोदरः ॥ १.१५	175
यदृच्छया चोपपन्नम् , स्वर्गद्वारम् अपावृतम् ।	176
सुखिनः क्षत्रियाः पार्थ , लभन्ते युद्धमीदृशम् ॥ २.३२	176
बुद्धियुक्तो जहातीह , उभे सुकृतदुष्कृते ।	176
तस्माद्योगाय युज्यस्व , योगः कर्मसु कौशलम् ॥ २.५०	176
प्रजहाति यदा कामान् , सर्वान्पार्थ मनोगतान् ।	176
आत्मन्येवात्मना तुष्टः , स्थितप्रज्ञस्तदोच्यते ॥ २.५५	176
यदा यदा हि धर्मस्य , ग्लानिर्भवति भारत ।	176
अभ्युत्थानमधर्मस्य , तदाऽऽत्मानं सृजाम्यहम् ॥ ४.७	176
ब्रह्मार्पणं ब्रह्महविर्ब्रह्माग्नौ ब्रह्मणा हुतम् ।	177

ब्रह्मैव तेन गन्तव्यं ब्रह्मकर्मसमाधिना ॥ ४.२४	177
निर्मानमोहा जितसङ्गदोषाः ,	177
अध्यात्मनित्या विनिवृत्तकामाः ।	177
द्वन्द्वैर् विमुक्ताःसुखदुःखसञ्ज्ञैः ,	177
गच्छन्त्यमूढाः पदम् अव्ययं तत् ॥ १५.५ Trishtup Chhand Verse	177

SAMPLE VERSES RECITED — 177

1 Yoga of Meeting Oneself	177
2 Yoga of Meeting The Lord	179
4 Yoga of Intention	181
18 Yoga of Liberation	182

PANINI'S ASHTADHYAYI RULES FOR CONSONANT SANDHI — 183

जश् त्वम्	183
श्चु त्वम्	183
चर् त्वम्	184
ङम् आगम त्वम्	185
नश्छव्य् त्वम्	186
सुँ लोप त्वम्	187
एच् लोप त्वम्	187
अनुनासिक त्वम्	188
तोर्लि त्वम्	188

PANINI'S ASHTADHYAYI RULES FOR VISARGA — 189

Visarga changes to ओ by रुत्व + उत्व + गुणसन्धिः	190
Visarga changes to र्	191
Visarga changes to श् when facing श् or चवर्ग	192
Visarga changes to स्	192
Visarga gets dropped by रुत्व + यत्व + लोप	193

VISARGA MAY CHANGE TO ARDHAVISARGA	194
VISARGA DOES NOT CHANGE TO ARDHAVISARGA	194

PANINI'S ASHTADHYAYI RULES FOR ANUSVARA 195

म् CHANGES TO ANUSVARA	195
म् OR न् CHANGES TO ANUSVARA	195
ANUSVARA CHANGES TO NASAL	195
ANUSVARA MAY CHANGE TO NASAL	196

VISARGA ANUSVARA AVAGRAHA 197

VISARGA CHANTING GUIDELINES	197
ANUSVARA CHANTING GUIDELINES	197
AVAGRAHA CHANTING GUIDELINES	198

MAHESHWAR SUTRAS 199

MAHESHWAR SUTRAS ELUCIDATED	200
PRATYAHARAS	202

REFERENCES 203

EPILOGUE 204

Introduction

Sanskrit words in a sentence coalesce due to conjuncts, sandhis or compounding. Hence written Sanskrit is **slightly different** than spoken Sanskrit. As such a teacher is required for one to learn how to chant the Bhagavad Gita.

The various editions of the Gita generally do not give the Gita as it is to be chanted. These in fact give the Gita as it is to be written in correct grammar! That is useful for contemplation, meditation and going within, and attaining Divine Union.

However for reading or study we need to read aloud and chant loudly. This is when this book becomes very useful.

> Remember, the key is to allow the expression to flow. After a few times, sing freely, allowing your natural rhythm to take over.
>
> As you chant confidently, when Devotion seeps into your Being, know you are already there!

The traditional way to Recite the Bhagavad Gita is to
- begin with Gita dhyanam shlokas
- then chant the Gita verses
- end with Gita mahatmayam

This is known as Parayanam.

Gurudev Sri Sri gave us a user-friendly Prayer invocation and ending Prayer that is mentioned in this book.

Most of the Gita verses are written in Anushtup Chhanda with 32 syllables in each verse. Chanting the verses means p a u s i n g after every 8 syllables, thus there will be 4 padas for each verse, i.e. 2 padas for each sentence.

- This means that **Sandhi** if any present at a p a u s e, will **revert back** or **become different** while c h a n t i n g.

- Similarly, if any Conjunct was present in a continuous sentence, it is now separated at the point of p a u s e. However this will be only visually different, without change in sounding.

- Whereas a Samasa is not separated, E.g.
सुहृन्मित्रार्युदासीन-मध्यस्थद्वेष्यबन्धुषु । 6.9

जन्ममृत्युजराव्याधि-दुःखदोषानुदर्शनम् ॥ 13.8
chant this entire sentence without significant pause

- In some verses, a hyphen has been inserted. Just to split the long words or some conjuncts to enable the reader to see clearly and chant correctly. *It does not indicate samasa or any grammar.* E.g. verse 13.11 अध्यात्म-ज्ञान-नित्यत्वम् , तत्त्व-ज्ञानार्थ-दर्शनम् । verse 13.18 मद्-भावायोप-पद्यते ॥

- Pausing at the right place during chanting is what lends beauty to the chant, and enlivens the surrounding aura immensely.

This edition is a tremendous aid to self-study learners who wish to see each letter clearly and know the exact pauses. It also serves as an invaluable school and college textbook.

Chanting Guidelines

- See and Chant each LETTER clearly and loudly
- Pay special attention to Conjuncts and Visarga
- Notice the Halant, the Long Matra and the Pause

- Some schools teach sweetness of Anushtup Chhand tune, whereas other schools teach correctness of chanting as per Sanskrit Grammar rules
- Take the middle path of sweetness+correctness

- Learn the right method initially
- Do not hesitate to stop and redo
- Practice is a must

Respect your own mother tongue and your own fluent style of speech, and incorporate whatever you can happily.

<u>Following characters need special attention while chanting</u>

Avagraha ऽ is not to be chanted, i.e. it is a silent letter.

It signifies that an अ has been dropped due to sandhi.

e.g. Recite प्रथमोऽध्यायः as प्रथमोध्यायः ,

verse 2.14 आगमापयिनोऽनित्याः as आगमापयिनोनित्याः , etc.

Visarga ः is pronounced variously, a brief mention

A visarga is pronounced aspirated ह् followed by the sound of the preceding vowel. Thus नमः is to be chanted as नमह

This rule is valid only when a visarga is at the end, i.e. a virama is present. This rule also applies when a visarga is followed by a pause, at a quarter verse.

However, a visarga in close proximity with another letter gets replaced by another letter or even gets dropped. This is reflected in this book by substituting the changed letter. (popular editions of the Gita show the visarga rather than the actual letter that is to be chanted). e.g.

Anusvara ं is pronounced as nasalized म् ।

In any case it is correct if Anusvara is pronounced as म् always. Anusvara will be reverted to म् at a pause or when it faces a vowel.

Reappearance of a dropped vowel

By an optional sandhi rule, the diphthong ए gets dropped. This will however be seen during a pause and uttered.

यक्ष्ये दास्यामि मोदिष्ये , इत्यज्ञानविमोहिताः ॥ 16.15

How to use this Book

To use this book effectively, listen to a chanting keeping the book open and notice the pauses. A couple of times listening to a Pandit or an audio CD is good enough to enable this book to be independently used thereafter.

The Sanskrit Alphabet

संस्कृत वर्णमाला

Sanskrit संस्कृत is written in the देवनागरी Devanagari script, whereas English is written in the Latin (Roman) script.

अ आ इ ई उ ऊ ऋ ॠ ऌ ॡ   ए ऐ ओ औ   अं अः   ॐ

क	ख	ग	घ	ङ	The Shiva Sounds
च	छ	ज	झ	ञ	
ट	ठ	ड	ढ	ण	The Brahma Sounds
त	थ	द	ध	न	
प	फ	ब	भ	म	The Vishnu Sounds
य र ल व	श ष स		ह		
	ळ	ळ्ह			Vedic Sanskrit
० १ २ ३ ४ ५ ६ ७ ८ ९					Numerals
क्ष ज्ञ श्र					Conjunct letter
Consonants are written with the vowel अ for enunciation					

The vowel long ॡ is not found in literature. It is given only in the alphabet, grammar books or in font sets. Hence crossed out.

Conjunct letter संयुक्त अक्षर

क्ष , ज्ञ , श्र are not letters of the alphabet. Rather these are conjuncts that have become popular in writing.

Alphabet as Commonly Written

The Sanskrit alphabet is written with or without a halant. Consonants cannot be uttered without a vowel. In teaching, consonants are supplied with vowel अ for uttering.

Here are the 56 letters of the Sanskrit Alphabet.

20 Vowels (ह्रस्व दीर्घ प्लुत short long hail)
अ आ अ३ इ ई इ३ उ ऊ उ३ ऋ ॠ ऋ३ ऌ ऌ३ ए ऐ ए३ ओ औ ओ३

34 Consonants (with halant the half-marker)

क्	ख्	ग्	घ्	ङ्
च्	छ्	ज्	झ्	ञ्
ट्	ठ्	ड्	ढ्	ण्
त्	थ्	द्	ध्	न्
प्	फ्	ब्	भ्	म्
य्	र्	ल्	व्	
श्	ष्	स्	ह्	
ळ्				

2 Ayogavahas (Anusvara, Visarga that appear during speaking)
अं अः (ardhavisarga अᳲ)

Notes:

- Pluta Vowels are rarely used in classical literature, but commonly used in Vedic texts.
- ळ् is seen in Vedic texts.
- ◌ᳲ is seen in Vedic texts, but has become popular in chanting classical texts as well.

Pronunciation of Sanskrit Letters

उच्चारणम्

अ son	आ father	इ it	ई beat	उ full	ऊ pool
ऋ rhythm	ॠ marine	ऌ revelry	ॡ		
ए play	ऐ aisle	ओ go	औ loud		

अं Anusvara is pure nasal – close the lips – similar to म्

अः Visarga is Breath release like ह् and preceding vowel sound

E.g. utter नमः as नमह , शान्तिः as शान्तिहि , विष्णुः as विष्णुहु ।

क seek	ख khan	ग get	घ loghut	ङ sing
च chunk	छ catchhim	ज jump	झ hedgehog	ञ bunch
ट true	ठ anthill	ड drum	ढ godhead	ण under
त tamil	थ thunder	द that	ध breathe	न nut
प put	फ fruit	ब bin	भ abhor	म much
य loyal	र red	ल luck	व vase	
श sure	ष shun	स so	hum ह	

Conjuncts – first utter the top part and then bottom one, e.g.

Bhagavad Gita 10.16 तिष्ठसि → ष्ठ = ष् ठ

Bhagavad Gita 10.23 शङ्करश्चास्मि → ङ्क = ङ्क , श्च = श् च

Specific Conjuncts ह् ण = ह्ण , ह् न = ह्न , ह् म = ह्म

Utter with emphasis on the chest.

Place & Effort of Enunciation

Place of speech	Vowels स्वर		Row Consonants व्यञ्जन Alpaprana Mahaprana					Semi vowel	Sibi lant
	Short	Long	1st	2nd	3rd	4th	5th		
throat	अ	आ	क्	ख्	ग्	घ्	ङ्		
palate	इ	ई	च्	छ्	ज्	झ्	ञ्	य्	श्
cerebral	ऋ	ॠ	ट्	ठ्	ड्	ढ्	ण्	र्	ष्
teeth	ऌ		त्	थ्	द्	ध्	न्	ल्	स्
lips	उ	ऊ	प्	फ्	ब्	भ्	म्		

कण्ठ – तालु	ए ऐ	Diphthongs = compound vowels have twin places of utterance
कण्ठ – ओष्ठ	ओ औ	
दन्त – ओष्ठ	व्	वकार is a special semivowel as it has twin places of utterance
नासिक्य	◌ं , अं	Anusvara is a pure Nasal
अनुनासिका	◌ँ , ॐ , यँ्	Candrabindu = Nasalization
कण्ठ soft mahaprana	ह्	हकार is an Aspirate. It is sounded like a soft release of breath
	◌ः	Visarga is sounded like ह् along with its preceding vowel
कण्ठ hard alpaprana	◌ᳵ + क्/ ख्	Ardhavisarga = Jihvamuliya utter as ह् = h
ओष्ठ hard alpaprana	◌ᳶ + प् / फ्	Ardhavisarga = Upadhmaniya utter as फ् = f

कण्ठ्य Guttural	तालव्य Palatal	मूर्धन्य Cerebral	दन्त्य Dental	ओष्ठ्य Labial

All vowels and semi vowels are termed voiced घोष वर्ण । This means that a background sound is produced from the tremor in the vocal cords in addition to the active sound produced in speaking. The 3rd, 4th and 5th letters of the row class consonants are also घोष वर्ण । The 1st and 2nd letters of the row class consonants, the sibilants and the aspirate are termed अघोष वर्ण । This means that no background sound arises from the tremor in the vocal cords. All row consonants are termed स्पर्शवर्ण i.e. Tongue makes contact.

Enunciation Time
- Unit of time for enunciation is a short vowel, 1 matra.
- Long vowels have 2 matras and are sounded twice as long as the short vowels.
- Diphthongs are combinations of two vowels सन्ध्यक्षर (सन्धि-अक्षर) having 2 matras and are sounded twice as long as the short vowels.
- A consonant has only ½ matra and it is supplied with a vowel for proper enunciation.
- Ardhavisarga is special with negligible vowel sound.

Pont of Contact of Tongue in the Mouth

GUTTURALS कण्ठ्य (also known as VELAR)
    Sounded from the throat with the tongue resting.

PALATALS तालव्य (soft palate)
    Sounded with the tongue raised slightly.

CEREBRALS मूर्धन्य (also RETROFLEX or LINGUAL, hard palate)
    Sounded with tongue touching roof of mouth.

DENTALS दन्त्य
    Sounded with the tongue distinctly touching the teeth.

LABIALS ओष्ठ्य
    Sounded with the lips distinctly touching each other.

Tune of chanting the Bhagavad Gita

The Bhagavad Gita uses verses consisting of two sentences. Each sentence can be further divided in two so we have four quarters in each verse. There are two tunes employed, the Anushtup consisting of eight syllables per quarter or 32 syllables per verse, and the Trishtup consisting of eleven syllables per quarter or 44 syllables per verse.

The anushtup meter has some variations while the trishtup meter has three variations depending upon which syllable is hrsva (h) or dirgha (d).

- Anushtup Meter अनुष्टुप् छन्दः 645/700 verses (8 syllabled) syllable syntax xxxxhddx xxxxhdhx xxxxhddx xxxxhdhx
- Trishtup Meter त्रिष्टुप् छन्दः 55/700 verses (11 syllabled)
    - Indravraja Meter इद्रव्रज छन्दः 3/700 verses 8.28, 15.5, 15.15 syllable syntax ddhd-dhhdhdd of each quarter
    - Upa Indravraja Meter उपेद्रव्रज छन्दः 3/700 verses 11.28, 11.29, 11.45 syllable syntax hdhd-dhhdhdd of each quarter
    - Upajati Meter उपजाति छन्दः 49/700 verses syllable syntax mix of Indravraja/Upendravraja of quarters
      Chapter 2: 5, 6, 7, 8, 20, 22, 29, 70
      Chapter 8: 9, 10, 11
      Chapter 9: 20, 21
      Chapter 11: 15-27, 30-44, 46-50
      Chapter 15: 2, 3, 4

For ease in knowing which tune to recite, Anushtup verses are written in two lines while Trishtup verses are written in four lines.

Anushtup meter the main Tune

Meter or Chord or Tune अनुष्टुप् छन्दः

The Bhagavad Gita is written and sung in a definite meter known as the Anuṣṭup meter composed by Valmiki.

The rules of this chord are stated in this verse.
द्वात्रिंशद् अक्षर-अनुष्टुप् , चत्वारः अष्ट-अक्षरा गणाः ।
श्लोके षष्ठं गुरु ज्ञेयं , सर्वत्र लघु पञ्चमम् ।
द्विचतुःपादयोर्ह्रस्वं सप्तमं , दीर्घम् अन्ययोः ॥

Translation
- The Anushtup meter consists of 32 syllables (distinct spoken sounds) in one verse, each verse contains 4 quarters (padas) of 8 syllables each.
- In each quarter the 6th syllable is dīrgha दीर्घः long, while the 5th syllable is hrsva ह्रस्वः short.
- In the 2nd and 4th quarters, the 7th syllable is hrsva ह्रस्वः , while in the remaining quarters it is dīrgha दीर्घः (i.e. 7th syllable in 1st and 3rd quarters is long).

In summary this means that a verse of 32 syllables should have 5th 6th 7th syllables as x = any, h = hrsva, d = dirgha.
12345678 ,12345678   12345678 , 12345678
xxxxhddx , xxxxhdhx I xxxxhddx , xxxxhdhx II

We find in gurukuls that while chanting the Bhagavad Gita, there is a definite pause at each quarter verse. We must also know the emphasized syllables during recitation.

Gita Dhyanam

A simple means of praising the celestial beings associated with the Gita and thus motivating regular reading of the scripture.

ॐ पार्थाय प्रतिबोधितां भगवता नारायणेन स्वयम् , व्यासेन ग्रथितां पुराणमुनिना मध्येमहाभारतम् । अद्वैतामृतवर्षिणीं भगवतीम् अष्टादशाध्यायिनीम् अम्ब त्वाम् अनुसन्दधामि भगवद्गीते भवद्वेषिणीम् ॥ १

नमोऽस्तु ते व्यास विशालबुद्धे , फुल्लारविन्दायतपत्रनेत्र ।
येन त्वया भारततैलपूर्णः , प्रज्वालितो ज्ञानमयः प्रदीपः ॥ २

प्रपन्नपारिजाताय तोत्रवेत्रैकपाणये । ज्ञानमुद्राय कृष्णाय गीतामृतदुहे नमः ॥ ३

सर्वोपनिषदो गावो दोग्धा गोपालनन्दनः। पार्थो वत्सस् सुधीर्भोक्ता दुग्धं गीतामृतं महत् ॥ ४

वसुदेवसुतं देवं कंसचाणूरमर्दनम् । देवकीपरमानन्दं कृष्णं वन्दे जगद्गुरुम् ॥ ५

भीष्मद्रोणतटा जयद्रथजला गान्धारनीलोत्पला शल्यग्राहवती कृपेण वहनी कर्णेन वेलाकुला । अश्वत्थामविकर्णघोरमकरा दुर्योधनावर्त्तिनी सोत्तीर्णा खलु पाण्डवै रणनदी कैवर्तकः केशवः ॥ ६

पाराशर्यवचस् सरोजममलं गीतार्थगन्धोत्कटं नानाख्यानककेसरं हरिकथा सम्बोधनाबोधितम् । लोके सज्जनषट्पदैरहरहः , पेपीयमानं मुदा भूयाद्भारतपङ्कजं कलिमलप्रध्वंसि नश् श्रेयसे॥ ७

मूकं करोति वाचालं पङ्गुं लङ्घयते गिरिम् । यत्कृपा तमहं वन्दे परमानन्दमाधवम् ॥ ८

यं ब्रह्मा वरुणेन्द्ररुद्रमरुतः , स्तुन्वन्ति दिव्यैस् स्तवैस् वेदैः , साङ्गपदक्रमोपनिषदैः , गायन्ति यं सामगाः । ध्यानावस्थिततद्गतेन मनसा , पश्यन्ति यं योगिनः यस्यान्तं न विदुस् सुरासुरगणाः , देवाय तस्मै नमः ॥ ९ ॥

शान्ताकारं भुजगशयनं पद्मनाभं सुरेशम् , विश्वाधारं गगनसदृशं मेघवर्णं शुभाङ्गम् ।
लक्ष्मीकान्तं कमलनयनं योगिभिर् ध्यानगम्यम् , वन्दे विष्णुं भवभयहरं सर्वलोकैकनाथम् ॥

Prayer Invocation

ॐ नमो भगवते वासुदेवाय

ॐ नमो भगवते वासुदेवाय

ॐ नमो भगवते वासुदेवाय

ॐ नमो भगवते वासुदेवाय

Bhagavad Gita Recitation vs Written

श्रीमद् भगवद् गीता पारायणम्

1 Yoga of Meeting Oneself

ॐ श्री परमात्मने नमः । अथ प्रथमोऽध्यायः

Verse as written, with sandhis and conjuncts together

धृतराष्ट्र उवाच
धर्मक्षेत्रे कुरुक्षेत्रे समवेता युयुत्सवः ।
मामकाः पाण्डवाश्चैव किमकुर्वत सञ्जय ॥ 1

Verse as chanted, pausing at each pada quarter verse

धृतराष्ट्र उवाच
धर्मक्षेत्रे कुरुक्षेत्रे , समवेता युयुत्सवः ।
मामकाः पाण्डवाश्चैव , किम् अकुर्वत सञ्जय ॥ 1.1

सञ्जय उवाच
दृष्ट्वा तु पाण्डवानीकं व्यूढं दुर्योधनस्तदा ।
आचार्यमुपसङ्गम्य राजा वचनमब्रवीत् ॥ 2

सञ्जय उवाच
दृष्ट्वा तु पाण्डवानीकम् , व्यूढं दुर्योधनस् तदा ।
आचार्यम् उपसङ्गम्य , राजा वचनम् अब्रवीत् ॥ 1.2

पश्यैतां पाण्डुपुत्राणामाचार्य महतीं चमूम् ।
व्यूढां द्रुपदपुत्रेण तव शिष्येण धीमता ॥ 3

पश्यैतां पाण्डुपुत्राणाम् , आचार्य महतीं चमूम् ।
व्यूढां द्रुपदपुत्रेण , तव शिष्येण धीमता ॥ 1.3

अत्र शूरा महेष्वासा भीमार्जुनसमा युधि ।
युयुधानो विराटश्च द्रुपदश्च महारथः ॥ 4

अत्र शूरा महेष्वासाः , भीमार्जुनसमा युधि ।
युयुधानो विराटश्च , द्रुपदश्च महारथः ॥ 1.4

धृष्टकेतुश्चेकितानः काशिराजश्च वीर्यवान् ।
पुरुजित्कुन्तिभोजश्च शैब्यश्च नरपुङ्गवः ॥ 5
धृष्टकेतुश् चेकितानः , काशिराजश्च वीर्यवान् ।
पुरुजित् कुन्तिभोजश्च , शैब्यश्च नरपुङ्गवः ॥ 1.5

युधामन्युश्च विक्रान्त उत्तमौजाश्च वीर्यवान् ।
सौभद्रो द्रौपदेयाश्च सर्व एव महारथाः ॥ 6
युधामन्युश्च विक्रान्तः , उत्तमौजाश्च वीर्यवान् ।
सौभद्रो द्रौपदेयाश्च , सर्व एव महारथाः ॥ 1.6

अस्माकं तु विशिष्टा ये तान्निबोध द्विजोत्तम ।
नायका मम सैन्यस्य सञ्ज्ञार्थं तान्ब्रवीमि ते ॥ 7
अस्माकं तु विशिष्टा ये , तान् निबोध द्विजोत्तम ।
नायका मम सैन्यस्य , सञ्ज्ञार्थं तान् ब्रवीमि ते ॥ 1.7

भवान्भीष्मश्च कर्णश्च कृपश्च समितिञ्जयः ।
अश्वत्थामा विकर्णश्च सौमदत्तिस्तथैव च ॥ 8
भवान् भीष्मश्च कर्णश्च , कृपश्च समितिञ्जयः ।
अश्वत्थामा विकर्णश्च , सौमदत्तिस् तथैव च ॥ 1.8

अन्ये च बहवः शूरा मदर्थे त्यक्तजीविताः ।
नानाशस्त्रप्रहरणाः सर्वे युद्धविशारदाः ॥ 9
अन्ये च बहवश् शूराः , मदर्थे त्यक्तजीविताः ।
नानाशस्त्रप्रहरणाः , सर्वे युद्धविशारदाः ॥ 1.9

अपर्याप्तं तदस्माकं बलं भीष्माभिरक्षितम् ।
पर्याप्तं त्विदमेतेषां बलं भीमाभिरक्षितम् ॥ 10
अपर्याप्तं तद् अस्माकम् , बलं भीष्माभिरक्षितम् ।
पर्याप्तं त्विदम् एतेषाम् , बलं भीमाभिरक्षितम् ॥ 1.10

अयनेषु च सर्वेषु यथाभागमवस्थिताः ।
भीष्ममेवाभिरक्षन्तु भवन्तः सर्व एव हि ॥ 11
अयनेषु च सर्वेषु , यथाभागम् अवस्थिताः ।
भीष्मम् एवाभिरक्षन्तु , भवन्तस् सर्व एव हि ॥ 1.11

तस्य सञ्जनयन्हर्षं कुरुवृद्धः पितामहः ।
सिंहनादं विनद्योच्चैः शङ्खं दध्मौ प्रतापवान् ॥ 12
तस्य सञ्जनयन् हर्षम् , कुरुवृद्धꣳ पितामहः ।
सिंहनादं विनद्योच्चैः , शङ्खं दध्मौ प्रतापवान् ॥ 1.12

ततः शङ्खाश्च भेर्यश्च पणवानकगोमुखाः ।
सहसैवाभ्यहन्यन्त स शब्दस्तुमुलोऽभवत् ॥ 13
ततश् शङ्खाश्च भेर्यश्च , पणवानकगोमुखाः ।
सहसैवाभ्यहन्यन्त , स शब्दस् तुमुलोभवत् ॥ 1.13

ततः श्वेतैर्हयैर्युक्ते महति स्यन्दने स्थितौ ।
माधवः पाण्डवश्चैव दिव्यौ शङ्खौ प्रदध्मतुः ॥ 14
ततश् श्वेतैर् हयैर्युक्ते , महति स्यन्दने स्थितौ ।
माधवꣳ पाण्डवश्चैव , दिव्यौ शङ्खौ प्रदध्मतुः ॥ 1.14

पाञ्चजन्यं हृषीकेशो देवदत्तं धनञ्जयः ।
पौण्ड्रं दध्मौ महाशङ्खं भीमकर्मा वृकोदरः ॥ 15
पाञ्चजन्यं हृषीकेशः , देवदत्तं धनञ्जयः ।
पौण्ड्रं दध्मौ महाशङ्खम् , भीमकर्मा वृकोदरः ॥ 1.15

अनन्तविजयं राजा कुन्तीपुत्रो युधिष्ठिरः ।
नकुलः सहदेवश्च सुघोषमणिपुष्पकौ ॥ 16
अनन्तविजयं राजा , कुन्तीपुत्रो युधिष्ठिरः ।
नकुलस् सहदेवश्च , सुघोषमणिपुष्पकौ ॥ 1.16

काश्यश्च परमेष्वासः शिखण्डी च महारथः ।
धृष्टद्युम्नो विराटश्च सात्यकिश्चापराजितः ॥ 17
काश्यश्च परमेष्वासः , शिखण्डी च महारथः ।
धृष्टद्युम्नो विराटश्च , सात्यकिश् चापराजितः ॥ 1.17

द्रुपदो द्रौपदेयाश्च सर्वशः पृथिवीपते ।
सौभद्रश्च महाबाहुः शङ्खान्दध्मुः पृथक्पृथक् ॥ 18
द्रुपदो द्रौपदेयाश्च , सर्वशᳶ पृथिवीपते ।
सौभद्रश्च महाबाहुः , शङ्खान् दध्मुᳶ पृथक् पृथक् ॥ 1.18

स घोषो धार्तराष्ट्राणां हृदयानि व्यदारयत् ।
नभश्च पृथिवीं चैव तुमुलो व्यनुनादयन् ॥ 19
स घोषो धार्तराष्ट्राणाम् , हृदयानि व्यदारयत् ।
नभश्च पृथिवीं चैव , तुमुलो व्यनुनादयन् ॥ 1.19

अथ व्यवस्थितान्दृष्ट्वा धार्तराष्ट्रान्कपिध्वजः ।
प्रवृत्ते शस्त्रसम्पाते धनुरुद्यम्य पाण्डवः ॥ 20
अथ व्यवस्थितान् दृष्ट्वा , धार्तराष्ट्रान् कपिध्वजः ।
प्रवृत्ते शस्त्रसम्पाते , धनुरुद्यम्य पाण्डवः ॥ 1.20

हृषीकेशं तदा वाक्यमिदमाह महीपते ।
<u>अर्जुन उवाच</u>
सेनयोरुभयोर्मध्ये रथं स्थापय मेऽच्युत ॥ 21
हृषीकेशं तदा वाक्यम् , इदम् आह महीपते ।
<u>अर्जुन उवाच</u>
सेनयोरुभयोर् मध्ये , रथं स्थापय मेच्युत ॥ 1.21

यावदेएतान्निरीक्षेऽहं योद्धुकामानवस्थितान् ।
कैर्मया सह योद्धव्यमस्मिन्रणसमुद्यमे ॥ 22
यावद् एतान् निरीक्षेहम् , योद्धुकामान् अवस्थितान् ।
कैर्मया सह योद्धव्यम् , अस्मिन् रणसमुद्यमे ॥ 1.22

योत्स्यमानानवेक्षेऽहं य एतेऽत्र समागताः ।
धार्तराष्ट्रस्य दुर्बुद्धेर्युद्धे प्रियचिकीर्षवः ॥ 23
योत्स्यमानान् अवेक्षेहम् , य एतेत्र समागताः ।
धार्तराष्ट्रस्य दुर्बुद्धेः , युद्धे प्रियचिकीर्षवः ॥ 1.23

सञ्जय उवाच

एवमुक्तो हृषीकेशो गुडाकेशेन भारत ।
सेनयोरुभयोर्मध्ये स्थापयित्वा रथोत्तमम् ॥ 24
एवम् उक्तो हृषीकेशः , गुडाकेशेन भारत ।
सेनयोरुभयोर् मध्ये , स्थापयित्वा रथोत्तमम् ॥ 1.24

भीष्मद्रोणप्रमुखतः सर्वेषां च महीक्षिताम् ।
उवाच पार्थ पश्यैतान्समवेतान्कुरूनिति ॥ 25
भीष्मद्रोणप्रमुखतः , सर्वेषां च महीक्षिताम् ।
उवाच पार्थ पश्यैतान् , समवेतान् कुरूनिति ॥ 1.25

तत्रापश्यत्स्थितान्पार्थः पितॄनथ पितामहान् ।
आचार्यान्मातुलान्भ्रातॄन्पुत्रान्पौत्रान्सखींस्तथा ॥ 26
तत्रापश्यत् स्थितान् पार्थः , पितॄनथ पितामहान् ।
आचार्यान् मातुलान् भ्रातॄन् , पुत्रान् पौत्रान् सखींस् तथा ॥ 1.26

श्वशुरान्सुहृदश्चैव सेनयोरुभयोरपि ।
तान्समीक्ष्य स कौन्तेयः सर्वान्बन्धूनवस्थितान् ॥ 27
श्वशुरान् सुहृदश् चैव , सेनयोरुभयोरपि ।
तान् समीक्ष्य स कौन्तेयः , सर्वान् बन्धून् अवस्थितान् ॥ 1.27

कृपया परयाऽऽविष्टो विषीदन्निदमब्रवीत् ।

अर्जुन उवाच

दृष्ट्वेमं स्वजनं कृष्ण युयुत्सुं समुपस्थितम् ॥ 28

कृपया परयाविष्टः , विषीदन्निदम् अब्रवीत् ।

अर्जुन उवाच

दृष्ट्वेमं स्वजनं कृष्ण , युयुत्सुं समुपस्थितम् ॥ 1.28

सीदन्ति मम गात्राणि मुखं च परिशुष्यति ।

वेपथुश्च शरीरे मे रोमहर्षश्च जायते ॥ 29

सीदन्ति मम गात्राणि , मुखञ् च परिशुष्यति ।

वेपथुश्च शरीरे मे , रोमहर्षश् च जायते ॥ 1.29

गाण्डीवं स्रम्सते हस्तात्त्वक्चैव परिदह्यते ।

न च शक्नोम्यवस्थातुं भ्रमतीव च मे मनः ॥ 30

गाण्डीवं स्रम्सते हस्तात् , त्वक्चैव परिदह्यते ।

न च शक्नोम्यवस्थातुम् , भ्रमतीव च मे मनः ॥ 1.30

निमित्तानि च पश्यामि विपरीतानि केशव ।

न च श्रेयोऽनुपश्यामि हत्वा स्वजनमाहवे ॥ 31

निमित्तानि च पश्यामि , विपरीतानि केशव ।

न च श्रेयोनुपश्यामि , हत्वा स्वजनमाहवे ॥ 1.31

न काङ्क्षे विजयं कृष्ण न च राज्यं सुखानि च ।

किं नो राज्येन गोविन्द किं भोगैर्जीवितेन वा ॥ 32

न काङ्क्षे विजयं कृष्ण , न च राज्यं सुखानि च ।

किं नो राज्येन गोविन्द , किं भोगैर् जीवितेन वा ॥ 1.32

येषामर्थे काङ्क्षितं नो राज्यं भोगाः सुखानि च ।
त इमेऽवस्थिता युद्धे प्राणांस्त्यक्त्वा धनानि च ॥ 33
येषाम् अर्थे काङ्क्षितं नः , राज्यं भोगास् सुखानि च ।
त इमेवस्थिता युद्धे , प्राणांस् त्यक्त्वा धनानि च ॥ 1.33

आचार्याः पितरः पुत्रास्तथैव च पितामहाः ।
मातुलाः श्वशुराः पौत्राः श्यालाः सम्बन्धिनस्तथा ॥ 34
आचार्याᳶ पितरᳶ पुत्राः , तथैव च पितामहाः ।
मातुलाश् श्वशुराᳶ पौत्राः , श्यालास् सम्बन्धिनस् तथा ॥ 1.34

एतान्न हन्तुमिच्छामि घ्नतोऽपि मधुसूदन ।
अपि त्रैलोक्यराज्यस्य हेतोः किं नु महीकृते ॥ 35
एतान् न हन्तुम् इच्छामि , घ्नतोपि मधुसूदन ।
अपि त्रैलोक्यराज्यस्य , हेतोᳵ किं नु महीकृते ॥ 1.35

निहत्य धार्तराष्ट्रान्नः का प्रीतिः स्याज्जनार्दन ।
पापमेवाश्रयेदस्मान्हत्वैतानाततायिनः ॥ 36
निहत्य धार्तराष्ट्रान् नः , का प्रीतिस् स्याज् जनार्दन ।
पापम् एवाश्रयेद् अस्मान् , हत्वैतान् आततायिनः ॥ 1.36

तस्मान्नार्हा वयं हन्तुं धार्तराष्ट्रान्स्वबान्धवान् ।
स्वजनं हि कथं हत्वा सुखिनः स्याम माधव ॥ 37
तस्मान् नार्हा वयं हन्तुम् , धार्तराष्ट्रान् स्वबान्धवान् ।
स्वजनं हि कथं हत्वा , सुखिनस् स्याम माधव ॥ 1.37

यद्यप्येते न पश्यन्ति लोभोपहतचेतसः ।
कुलक्षयकृतं दोषं मित्रद्रोहे च पातकम् ॥ 38
यद्यप्येते न पश्यन्ति , लोभोपहतचेतसः ।
कुलक्षयकृतं दोषम् , मित्रद्रोहे च पातकम् ॥ 1.38

कथं न ज्ञेयमस्माभिः पापादस्मान्निवर्तितुम् ।
कुलक्षयकृतं दोषं प्रपश्यद्भिर्जनार्दन ॥ 39
कथं न ज्ञेयम् अस्माभिः , पापाद् अस्मान् निवर्तितुम् ।
कुलक्षयकृतं दोषम् , प्रपश्यद् भिर् जनार्दन ॥ 1.39

कुलक्षये प्रणश्यन्ति कुलधर्माः सनातनाः ।
धर्मे नष्टे कुलं कृत्स्नमधर्मोऽभिभवत्युत ॥ 40
कुलक्षये प्रणश्यन्ति , कुलधर्मास् सनातनाः ।
धर्मे नष्टे कुलं कृत्स्नम् , अधर्मोभिभवत्युत ॥ 1.40

अधर्माभिभवात्कृष्ण प्रदुष्यन्ति कुलस्त्रियः ।
स्त्रीषु दुष्टासु वार्ष्णेय जायते वर्णसङ्करः ॥ 41
अधर्माभिभवात् कृष्ण , प्रदुष्यन्ति कुलस्त्रियः ।
स्त्रीषु दुष्टासु वार्ष्णेय , जायते वर्णसङ्करः ॥ 1.41

सङ्करो नरकायैव कुलघ्नानां कुलस्य च ।
पतन्ति पितरो ह्येषां लुप्तपिण्डोदकक्रियाः ॥ 42
सङ्करो नरकायैव , कुलघ्नानां कुलस्य च ।
पतन्ति पितरो ह्येषाम् , लुप्तपिण्डोदकक्रियाः ॥ 1.42

दोषैरेतैः कुलघ्नानां वर्णसङ्करकारकैः ।
उत्साद्यन्ते जातिधर्माः कुलधर्माश्च शाश्वताः ॥ 43
दोषैरेतैᳲ कुलघ्नानाम् , वर्णसङ्करकारकैः ।
उत्साद्यन्ते जातिधर्माः , कुलधर्माश्च शाश्वताः ॥ 1.43

उत्सन्नकुलधर्माणां मनुष्याणां जनार्दन ।
नरकेऽनियतं वासो भवतीत्यनुशुश्रुम ॥ 44
उत्सन्नकुलधर्माणाम् , मनुष्याणां जनार्दन ।
नरकेनियतं वासः , भवतीत्य-नुशुश्रुम ॥ 1.44

अहो बत महत्पापं कर्तुं व्यवसिता वयम् ।
यद्राज्यसुखलोभेन हन्तुं स्वजनमुद्यताः ॥ 45
अहो बत महत् पापम् , कर्तुं व्यवसिता वयम् ।
यद् राज्यसुखलोभेन , हन्तुं स्वजनमुद्यताः ॥ 1.45

यदि मामप्रतीकारमशस्त्रं शस्त्रपाणयः ।
धार्तराष्ट्रा रणे हन्युस्तन्मे क्षेमतरं भवेत् ॥ 46
यदि माम् अप्रतीकारम् , अशस्त्रं शस्त्रपाणयः ।
धार्तराष्ट्रा रणे हन्युः , तन्मे क्षेमतरं भवेत् ॥ 1.46

<u>सञ्जय उवाच</u>
एवमुक्त्वाऽर्जुनः सङ्ख्ये रथोपस्थ उपाविशत् ।
विसृज्य सशरं चापं शोकसंविग्नमानसः ॥ 47
<u>सञ्जय उवाच</u>
एवम् उक्त्वार्-जुनस् सङ्ख्ये , रथोपस्थ उपाविशत् ।
विसृज्य सशरं चापम् , शोकसंविग्नमानसः ॥ 1.47

ॐ तत् सत् ।
इति श्रीमद्भगवद्गीतासु , उपनिषत्सु , ब्रह्मविद्यायां , योगशास्त्रे , श्रीकृष्णार्जुनसंवादे
अर्जुन विषाद योगो नाम , प्रथमोऽध्यायः ॥ 1st ॥

2 Yoga of Meeting the Lord

ॐ श्री परमात्मने नमः । अथ द्वितीयोऽध्यायः

Verse as written, with sandhis and conjuncts together

सञ्जय उवाच

तं तथा कृपयाऽविष्टमश्रुपूर्णाकुलेक्षणम् ।

विषीदन्तमिदं वाक्यमुवाच मधुसूदनः ॥ 1

Verse as chanted, pausing at each pada quarter verse

सञ्जय उवाच

तं तथा कृपयाविष्टम् , अश्रुपूर्णाकुलेक्षणम् ।

विषीदन्तम् इदं वाक्यम् , उवाच मधुसूदनः ॥ 2.1

श्री भगवान् उवाच

कुतस्त्वा कश्मलमिदमं विषमे समुपस्थितम् ।

अनार्यजुष्टमस्वर्ग्यमकीर्तिकरमर्जुन ॥ 2

श्री भगवान् उवाच

कुतस् त्वा कश्मलम् इदम् , विषमे समुपस्थितम् ।

अनार्यजुष्टम् अस्वर्ग्यम् , अकीर्तिकरमर्जुन ॥ 2.2

क्लैब्यं मा स्म गमः पार्थ नैतत्त्वय्युपपद्यते ।

क्षुद्रं हृदयदौर्बल्यं त्यक्त्वोत्तिष्ठ परन्तप ॥ 3

क्लैब्यं मा स्म गमᳵ पार्थ , नैतत्त्वय्युपपद्यते ।

क्षुद्रं हृदयदौर्बल्यम् , त्यक्त्वोत्तिष्ठ परन्तप ॥ 2.3

अर्जुन उवाच

कथं भीष्ममहं सङ्ख्ये द्रोणं च मधुसूदन ।

इषुभिः प्रतियोत्स्यामि पूजार्हावरिसूदन ॥ 4

अर्जुन उवाच

कथं भीष्ममहं सङ्ख्ये , द्रोणं च मधुसूदन ।

इषुभिᳵ प्रति योत्स्यामि , पूजार्‌हावरिसूदन ॥ 2.4

गुरूनहत्वा हि महानुभावान्
श्रेयो भोक्तुं भैक्ष्यमपीह लोके ।
हत्वार्थकामांस्तु गुरूनिहैव ,
भुञ्जीय भोगान् रुधिरप्रदिग्धान् ॥ 5

गुरूनहत्वा हि महानुभावान् ,
श्रेयो भोक्तुं भैक्ष्यम् अपीह लोके ।
हत्वार्थकामांस्तु गुरूनिहैव ,
भुञ्जीय भोगान् रुधिरप्रदिग्धान् ॥ 2.5 Trishtup

न चैतद्विद्मः कतरन्नो गरीयो
यद्वा जयेम यदि वा नो जयेयुः ।
यानेव हत्वा न जिजीविषामस्तेऽवस्थिताः प्रमुखे धार्तराष्ट्राः ॥ 6
न चैतद् विद्मः कतरन्नो गरीयः ,
यद्वा जयेम यदि वा नो जयेयुः ।
यानेव हत्वा न जिजीविषामः ,
तेऽवस्थिताः प्रमुखे धार्तराष्ट्राः ॥ 2.6 Trishtup

कार्पण्य दोषोपहत स्वभावः
पृच्छामि त्वां धर्मसम्मूढचेताः ।
यच्छ्रेयः स्यान्निश्चितं ब्रूहि तन्मे
शिष्यस्तेऽहं शाधि मां त्वां प्रपन्नम् ॥ 7
कार्पण्य दोषोपहत स्वभावः ,
पृच्छामि त्वां धर्मसम्मूढचेताः ।
यच्छ्रेयस् स्यान् निश्चितं ब्रूहि तन्मे ,
शिष्यस्तेहं शाधि मां त्वां प्रपन्नम् ॥ 2.7 Trishtup

न हि प्रपश्यामि ममापनुद्याद्यच्छोकमुच्छोषणमिन्द्रियाणाम् ।
अवाप्य भूमावसपत्नमृद्धं
राज्यं सुराणामपि चाधिपत्यम् ॥ 8
न हि प्रपश्यामि ममापनुद्याद् ,
यच्छोकमुच्छोषणम् इन्द्रियाणाम् ।
अवाप्य भूमावसपत्नमृद्धम् ,
राज्यं सुराणाम् अपि चाधिपत्यम् ॥ 2.8 Trishtup

सञ्जय उवाच
एवमुक्त्वा हृषीकेशं गुडाकेशः परन्तपः ।
न योत्स्य इति गोविन्दमुक्त्वा तूष्णीं बभूव ह ॥ 9
सञ्जय उवाच
एवम् उक्त्वा हृषीकेशम् , गुडाकेशः परन्तपः ।
न योत्स्य इति गोविन्दम् , उक्त्वा तूष्णीं बभूव ह ॥ 2.9

तमुवाच हृषीकेशः प्रहसन्निव भारत ।
सेनयोरुभयोर्मध्ये विषीदन्तमिदं वचः ॥ 10
तमुवाच हृषीकेशः , प्रहसन्निव भारत ।
सेनयोरुभयोर् मध्ये , विषीदन्तम् इदं वचः ॥ 2.10

श्री भगवान् उवाच
अशोच्यानन्वशोचस्त्वं प्रज्ञावादांश्च भाषसे ।
गतासूनगतासूंश्च नानुशोचन्ति पण्डिताः ॥ 11
श्री भगवान् उवाच
अशोच्यान् अन्वशोचस्त्वम् , प्रज्ञावादांश्च भाषसे ।
गतासून् अगतासूंश्च , नानुशोचन्ति पण्डिताः ॥ 2.11

न त्वेवाहं जातु नासं न त्वं नेमे जनाधिपाः ।
न चैव न भविष्यामः सर्वे वयमतः परम् ॥ 12
न त्वेवाहं जातु नासम् , न त्वं नेमे जनाधिपाः ।
न चैव न भविष्यामः , सर्वे वयमतः परम् ॥ 2.12

देहिनोऽस्मिन् यथा देहे कौमारं यौवनं जरा ।
तथा देहान्तरप्राप्तिर्धीरस्तत्र न मुह्यति ॥ 13
देहिनोस्मिन् यथा देहे , कौमारं यौवनं जरा ।
तथा देहान्तरप्राप्तिः , धीरस्तत्र न मुह्यति ॥ 2.13

मात्रास्पर्शास्तु कौन्तेय शीतोष्णसुखदुःखदाः ।
आगमापायिनोऽनित्यास्तांस्तितिक्षस्व भारत ॥ 14
मात्रास्पर्शास् तु कौन्तेय , शीतोष्णसुखदुःखदाः ।
आगमापायिनोनित्याः , तांस्तितिक्षस्व भारत ॥ 2.14

यं हि न व्यथयन्त्येते पुरुषं पुरुषर्षभ ।
समदुःखसुखं धीरं सोऽमृतत्वाय कल्पते ॥ 15
यं हि न व्यथयन्त्येते , पुरुषं पुरुषर्षभ ।
समदुःखसुखं धीरम् , सोमृतत्-वाय कल्पते ॥ 2.15

नासतो विद्यते भावो नाभावो विद्यते सतः ।
उभयोरपि दृष्टोऽन्तस्त्वनयोस्तत्त्वदर्शिभिः ॥ 16
नासतो विद्यते भावः , नाभावो विद्यते सतः ।
उभयोरपि दृष्टोन्तः , त्वनयोस् तत्त्वदर्शिभिः ॥ 2.16

अविनाशि तु तद्विद्धि येन सर्वमिदं ततम् ।
विनाशमव्ययस्यास्य न कश्चित्कर्तुमर्हति ॥ 17
अविनाशि तु तद् विद्धि , येन सर्वम् इदं ततम् ।
विनाशम् अव्ययस्यास्य , न कश्चित् कर्तुमर्हति ॥ 2.17

अन्तवन्त इमे देहा नित्यस्योक्ताः शरीरिणः ।
अनाशिनोऽप्रमेयस्य तस्माद्युध्यस्व भारत ॥ 18
अन्तवन्त इमे देहाः , नित्यस्योक्ताश् शरीरिणः ।
अनाशिनोप्रमेयस्य , तस्माद् युध्यस्व भारत ॥ 2.18
य एनं वेत्ति हन्तारं यश्चैनं मन्यते हतम् ।
उभौ तौ न विजानीतो नायं हन्ति न हन्यते ॥ 19
य एनं वेत्ति हन्तारम् , यश्चैनं मन्यते हतम् ।
उभौ तौ न विजानीतः , नायं हन्ति न हन्यते ॥ 2.19

न जायते म्रियते वा कदाचिन्नायं भूत्वा भविता वा न भूयः ।
अजो नित्यः शाश्वतोऽयं पुराणो
न हन्यते हन्यमाने शरीरे ॥ 20
न जायते म्रियते वा कदाचित् ,
नायं भूत्वा भविता वा न भूयः ।
अजो नित्यश् शाश्वतोयं पुराणः ,
न हन्यते हन्यमाने शरीरे ॥ 2.20 Trishtup

वेदाविनाशिनं नित्यं य एनमजमव्ययम् ।
कथं स पुरुषः पार्थ कं घातयति हन्ति कम् ॥ 21
वेदाविनाशिनं नित्यम् , य एनम् अजम् अव्ययम् ।
कथं स पुरुषᳲ पार्थ , कं घातयति हन्ति कम् ॥ 2.21

वासांसि जीर्णानि यथा विहाय
नवानि गृह्णाति नरोऽपराणि ।
तथा शरीराणि विहाय जीर्णान्यन्यानि संयाति नवानि देही ॥ 22
वासांसि जीर्णानि यथा विहाय ,
नवानि गृह्णाति नरोपराणि ।
तथा शरीराणि विहाय जीर्णानि ,
अन्यानि संयाति नवानि देही ॥ 2.22 Trishtup

नैनं छिन्दन्ति शस्त्राणि नैनं दहति पावकः ।
न चैनं क्लेदयन्त्यापो न शोषयति मारुतः ॥ 23
नैनं छिन्दन्ति शस्त्राणि , नैनं दहति पावकः ।
न चैनं क्लेदयन्त्यापः , न शोषयति मारुतः ॥ 2.23

अच्छेद्योऽयमदाह्योऽयमक्लेद्योऽशोष्य एव च ।
नित्यः सर्वगतः स्थाणुर्चलोऽयं सनातनः ॥ 24
अच्छेद्योयम् अदाह्योयम् , अक्लेद्योशोष्य एव च ।
नित्यस् सर्वगतस् स्थाणुः , अचलोऽयं सनातनः ॥ 2.24

अव्यक्तोऽयमचिन्त्योऽयमविकार्योऽयमुच्यते।
तस्मादेवं विदित्वैनं नानुशोचितुमर्हसि ॥ 25
अव्यक्तोयम् अचिन्त्योयम् , अविकार्योयम् उच्यते।
तस्माद् एवं विदित्वैनम् , नानुशोचितुम् अर्हसि ॥ 2.25

अथ चैनं नित्यजातं नित्यं वा मन्यसे मृतम् ।
तथापि त्वं महाबाहो नैवं शोचितुमर्हसि ॥ 26
अथ चैनं नित्यजातम् , नित्यं वा मन्यसे मृतम् ।
तथापि त्वं महाबाहो , नैवं शोचितुम् अर्हसि ॥ 2.26

जातस्य हि ध्रुवो मृत्युर्ध्रुवं जन्म मृतस्य च ।
तस्मादपरिहार्येऽर्थे न त्वं शोचितुमर्हसि ॥ 27
जातस्य हि ध्रुवो मृत्युः , ध्रुवं जन्म मृतस्य च ।
तस्माद् अपरिहार्येर्थे , न त्वं शोचितुम् अर्हसि ॥ 2.27

अव्यक्तादीनि भूतानि व्यक्तमध्यानि भारत ।
अव्यक्तनिधनान्येव तत्र का परिदेवना ॥ 28
अव्यक्तादीनि भूतानि , व्यक्त-मध्यानि भारत ।
अव्यक्तनिधनान्येव , तत्र का परिदेवना ॥ 2.28

आश्चर्यवत्पश्यति कश्चिदेनमाश्चर्यवद्वदति तथैव चान्यः ।
आश्चर्यवच्चैनमन्यः शृणोति
श्रुत्वाप्येनं वेद न चैव कश्चित् ॥ 29
आश्चर्यवत् पश्यति कश्चिद् एनम् ,
आश्चर्यवद् वदति तथैव चान्यः ।
आश्चर्यवच् चैनमन्यश् शृणोति ,
श्रुत्वाप्-येनं वेद न चैव कश्चित् ॥ 2.29 Trishtup

देही नित्यमवध्योऽयं देहे सर्वस्य भारत ।
तस्मात्सर्वाणि भूतानि न त्वं शोचितुमर्हसि ॥ 30
देही नित्यम् अवध्योयम् , देहे सर्वस्य भारत ।
तस्मात् सर्वाणि भूतानि , न त्वं शोचितुम् अर्हसि ॥ 2.30

स्वधर्ममपि चावेक्ष्य न विकम्पितुमर्हसि ।
धर्म्याद्धि युद्धाच्छ्रेयोऽन्यत्क्षत्रियस्य न विद्यते ॥ 31
स्वधर्मम् अपि चावेक्ष्य , न विकम्पितुम् अर्हसि ।
धर्म्याद्धि युद्धाच्छ्रेयोन्यत् , क्षत्रियस्य न विद्यते ॥ 2.31

यदृच्छया चोपपन्नं स्वर्गद्वारमपावृतम् ।
सुखिनः क्षत्रियाः पार्थ लभन्ते युद्धमीदृशम् ॥ 32
यदृच्छया चोपपन्नम् , स्वर्गद्वारम् अपावृतम् ।
सुखिनः क्षत्रियाः पार्थ , लभन्ते युद्धमीदृशम् ॥ 2.32

अथ चेत्त्वमिमं धर्म्यं सङ्ग्रामं न करिष्यसि ।
ततः स्वधर्मं कीर्तिं च हित्वा पापमवाप्स्यसि ॥ 33
अथ चेत् त्वमिमं धर्म्यम् , सङ्ग्रामं न करिष्यसि ।
ततस् स्वधर्मं कीर्तिञ् च , हित्वा पापम् अवाप्स्यसि ॥ 2.33

अकीर्तिं चापि भूतानि कथयिष्यन्ति तेऽव्ययाम् ।
सम्भावितस्य चाकीर्तिर्मरणादतिरिच्यते ॥ 34
अकीर्तिञ् चापि भूतानि , कथयिष्यन्ति तेव्ययाम् ।
सम्भावितस्य चाकीर्तिः , मरणादतिरिच्यते ॥ 2.34

भयाद्रणादुपरतं मंस्यन्ते त्वां महारथाः ।
येषां च त्वं बहुमतो भूत्वा यास्यसि लाघवम् ॥ 35
भयाद् रणाद् उपरतम् , मंस्यन्ते त्वां महारथाः ।
येषां च त्वं बहुमतः , भूत्वा यास्यसि लाघवम् ॥ 2.35

अवाच्यवादांश्च बहून्वदिष्यन्ति तवाहिताः ।
निन्दन्तस्तव सामर्थ्यं ततो दुःखतरं नु किम् ॥ 36
अवाच्यवादांश्च बहून् , वदिष्यन्ति तवाहिताः ।
निन्दन्तस् तव सामर्थ्यम् , ततो दुःखतरं नु किम् ॥ 2.36

हतो वा प्राप्स्यसि स्वर्गं जित्वा वा भोक्ष्यसे महीम् ।
तस्मादुत्तिष्ठ कौन्तेय युद्धाय कृतनिश्चयः ॥ 37
हतो वा प्राप्स्यसि स्वर्गम् , जित्वा वा भोक्ष्यसे महीम् ।
तस्माद् उत्तिष्ठ कौन्तेय , युद्धाय कृतनिश्चयः ॥ 2.37

सुखदुःखे समे कृत्वा लाभालाभौ जयाजयौ ।
ततो युद्धाय युज्यस्व नैवं पापमवाप्स्यसि ॥ 38
सुखदुःखे समे कृत्वा , लाभालाभौ जयाजयौ ।
ततो युद्धाय युज्यस्व , नैवं पापम् अवाप्स्यसि ॥ 2.38

एषा तेऽभिहिता साङ्ख्ये बुद्धिर्योगे त्विमां शृणु ।
बुद्ध्या युक्तो यया पार्थ कर्मबन्धं प्रहास्यसि ॥ 39
एषा तेऽभिहिता साङ्ख्ये , बुद्धिर् योगे त्विमां शृणु ।
बुद्ध्या युक्तो यया पार्थ , कर्मबन्धं प्रहास्यसि ॥ 2.39

नेहाभिक्रमनाशोऽस्ति प्रत्यवायो न विद्यते ।
स्वल्पमप्यस्य धर्मस्य , त्रायते महतो भयात् ॥ 40
नेहाभिक्रमनाशोस्ति , प्रत्यवायो न विद्यते ।
स्वल्पम् अप्यस्य धर्मस्य , त्रायते महतो भयात् ॥ 2.40

व्यवसायात्मिका बुद्धिरेकेह कुरुनन्दन ।
बहुशाखा ह्यनन्ताश्च बुद्धयोऽव्यवसायिनाम् ॥ 41
व्यवसायात्मिका बुद्धिः , एकेह कुरुनन्दन ।
बहुशाखा ह्यनन्ताश्च , बुद्धयोव्यवसायिनाम् ॥ 2.41

यामिमां पुष्पितां वाचं प्रवदन्त्यविपश्चितः ।
वेदवादरताः पार्थ नान्यदस्तीति वादिनः ॥ 42
याम् इमां पुष्पितां वाचम् , प्रवदन्त्यविपश्चितः ।
वेदवादरताः पार्थ , नान्यदस्तीति वादिनः ॥ 2.42

कामात्मानः स्वर्गपरा जन्मकर्मफलप्रदाम् ।
क्रियाविशेषबहुलां भोगैश्वर्यगतिं प्रति ॥ 43
कामात्मानस् स्वर्गपराः , जन्मकर्मफलप्रदाम् ।
क्रियाविशेषबहुलाम् , भोगैश्वर्यगतिं प्रति ॥ 2.43

भोगैश्वर्यप्रसक्तानां तयापहृतचेतसाम् ।
व्यवसायात्मिका बुद्धिः समाधौ न विधीयते ॥ 44
भोगैश्वर्यप्रसक्तानाम् , तयापहृतचेतसाम् ।
व्यवसायात्मिका बुद्धिः , समाधौ न विधीयते ॥ 2.44

त्रैगुण्यविषया वेदा निस्त्रैगुण्यो भवार्जुन ।
निर्द्वन्द्वो नित्यसत्त्वस्थो निर्योगक्षेम आत्मवान् ॥ 45
त्रैगुण्यविषया वेदाः , निस्त्रैगुण्यो भवार्जुन ।
निर्-द्वन्द्वो नित्यसत्त्वस्थः , निर्-योग-क्षेम आत्मवान् ॥ 2.45

यावानर्थ उदपाने सर्वतः सम्प्लुतोदके ।
तावान्सर्वेषु वेदेषु ब्राह्मणस्य विजानतः ॥ 46
यावानर्थ उदपाने , सर्वतस् सम्प्लुतोदके ।
तावान् सर्वेषु वेदेषु , ब्राह्मणस्य विजानतः ॥ 2.46

कर्मण्येवाधिकारस्ते मा फलेषु कदाचन ।
मा कर्मफलहेतुर्भूर्मा ते सङ्गोऽस्त्वकर्मणि ॥ 47
कर्मण्येवाधिकारस्ते , मा फलेषु कदाचन ।
मा कर्मफलहेतुर् भूः , मा ते सङ्गोस्त्व-कर्मणि ॥ 2.47

योगस्थः कुरु कर्माणि सङ्गं त्यक्त्वा धनञ्जय ।
सिद्ध्यसिद्ध्योः समो भूत्वा समत्वं योग उच्यते ॥ 48
योगस्थ॒ कुरु कर्माणि , सङ्गं त्यक्त्वा धनञ्जय ।
सिद्ध्यसिद्ध्योस् समो भूत्वा , समत्-वं योग उच्यते ॥ 2.48

दूरेण ह्यवरं कर्म बुद्धियोगाद्धनञ्जय ।
बुद्धौ शरणमन्विच्छ कृपणाः फलहेतवः ॥ 49
दूरेण ह्यवरं कर्म , बुद्धियोगाद् धनञ्जय ।
बुद्धौ शरणम् अन्विच्छ , कृपणा॒ फलहेतवः ॥ 2.49

बुद्धियुक्तो जहातीह उभे सुकृतदुष्कृते ।
तस्माद्योगाय युज्यस्व योगः कर्मसु कौशलम् ॥ 50
बुद्धियुक्तो जहातीह , उभे सुकृतदुष्कृते ।
तस्माद् योगाय युज्यस्व , योग॒ कर्मसु कौशलम् ॥ 2.50

कर्मजं बुद्धियुक्ता हि फलं त्यक्त्वा मनीषिणः ।
जन्मबन्धविनिर्मुक्ताः पदं गच्छन्त्यनामयम् ॥ 51
कर्मजं बुद्धियुक्ता हि , फलं त्यक्त्वा मनीषिणः ।
जन्मबन्धविनिर्मुक्ताः , पदं गच्छन्त्य-नामयम् ॥ 2.51

यदा ते मोहकलिलं बुद्धिर्व्यतितरिष्यति ।
तदा गन्तासि निर्वेदं श्रोतव्यस्य श्रुतस्य च ॥ 52
यदा ते मोहकलिलम् , बुद्धिर् व्यतितरिष्यति ।
तदा गन्तासि निर्वेदम् , श्रोतव्यस्य श्रुतस्य च ॥ 2.52

श्रुतिविप्रतिपन्ना ते यदा स्थास्यति निश्चला ।
समाधावचला बुद्धिस्तदा योगमवाप्स्यसि ॥ 53
श्रुतिविप्रतिपन्ना ते , यदा स्थास्यति निश्चला ।
समाधावचला बुद्धिः , तदा योगम् अवाप्स्यसि ॥ 2.53

अर्जुन उवाच
स्थितप्रज्ञस्य का भाषा समाधिस्थस्य केशव ।
स्थितधीः किं प्रभाषेत किमासीत व्रजेत किम् ॥ 54
अर्जुन उवाच
स्थितप्रज्ञस्य का भाषा , समाधि-स्थस्य केशव ।
स्थितधीः किं प्रभाषेत , किम् आसीत व्रजेत किम् ॥ 2.54

श्री भगवान् उवाच
प्रजहाति यदा कामान्सर्वान्पार्थ मनोगतान् ।
आत्मन्येवात्मना तुष्टः स्थितप्रज्ञस्तदोच्यते ॥ 55
श्री भगवान् उवाच
प्रजहाति यदा कामान् , सर्वान् पार्थ मनोगतान् ।
आत्मन्येवात्मना तुष्टः , स्थितप्रज्ञस् तदोच्यते ॥ 2.55

दुःखेष्वनुद्विग्नमनाः सुखेषु विगतस्पृहः ।
वीतरागभयक्रोधः स्थितधीर्मुनिरुच्यते ॥ 56
दुःखेष्वनुद् विग्नमनाः , सुखेषु विगतस्पृहः ।
वीतरागभयक्रोधः , स्थितधीर् मुनिर् उच्यते ॥ 2.56

यः सर्वत्रानभिस्नेहस्तत्तत्प्राप्य शुभाशुभम् ।
नाऽभिनन्दति न द्वेष्टि , तस्य प्रज्ञा प्रतिष्ठिता ॥ 57
यस् सर्वत्रानभिस्-नेहः , तत् तत् प्राप्य शुभाशुभम् ।
नाभिनन्दति न द्वेष्टि , तस्य प्रज्ञा प्रतिष्ठिता ॥ 2.57

यदा संहरते चायं कूर्मोऽङ्गानीव सर्वशः ।
इन्द्रियाणीन्द्रियार्थेभ्यस्तस्य प्रज्ञा प्रतिष्ठिता ॥ 58
यदा संहरते चायम् , कूर्मोङ्गानीव सर्वशः ।
इन्द्रिया-णीन्द्रियार्थेभ्यः , तस्य प्रज्ञा प्रतिष्ठिता ॥ 2.58

विषया विनिवर्तन्ते निराहारस्य देहिनः ।
रसवर्जं रसोऽप्यस्य परं दृष्ट्वा निवर्तते ॥ 59
विषया विनिवर्तन्ते , निराहारस्य देहिनः ।
रसवर्जं रसोप्यस्य , परं दृष्ट्वा निवर्तते ॥ 2.59

यततो ह्यपि कौन्तेय पुरुषस्य विपश्चितः ।
इन्द्रियाणि प्रमाथीनि हरन्ति प्रसभं मनः ॥ 60
यततो ह्यपि कौन्तेय , पुरुषस्य विपश्चितः ।
इन्द्रियाणि प्रमाथीनि , हरन्ति प्रसभं मनः ॥ 2.60

तानि सर्वाणि संयम्य युक्त आसीत मत्परः ।
वशे हि यस्येन्द्रियाणि तस्य प्रज्ञा प्रतिष्ठिता ॥ 61
तानि सर्वाणि संयम्य , युक्त आसीत मत्परः ।
वशे हि यस्येन्द्रियाणि , तस्य प्रज्ञा प्रतिष्ठिता ॥ 2.61

ध्यायतो विषयान्पुंसः सङ्गस्तेषूपजायते ।
सङ्गात्सञ्जायते कामः कामात्क्रोधोऽभिजायते ॥ 62
ध्यायतो विषयान् पुंसः , सङ्गस्तेषूपजायते ।
सङ्गात् सञ्जायते कामः , कामात् क्रोधोभिजायते ॥ 2.62

क्रोधाद्भवति सम्मोहः सम्मोहात्स्मृतिविभ्रमः ।
स्मृतिभ्रंशाद्बुद्धिनाशो बुद्धिनाशात्प्रणश्यति ॥ 63
क्रोधाद् भवति सम्मोहः, सम्मोहात् स्मृतिविभ्रमः ।
स्मृतिभ्रंशाद् बुद्धिनाशः, बुद्धिनाशात् प्रणश्यति ॥ 2.63

रागद्वेषवियुक्तैस्तु विषयानिन्द्रियैश्चरन् ।
आत्मवश्यैर्विधेयात्मा प्रसादमधिगच्छति ॥ 64
राग-द्वेष-वियुक्तैस् तु, विषयान् इन्द्रियैश् चरन् ।
आत्मवश्यैर् विधेयात्मा, प्रसादम् अधिगच्छति ॥ 2.64

प्रसादे सर्वदुःखानां हानिरस्योपजायते ।
प्रसन्नचेतसो ह्याशु बुद्धिः पर्यवतिष्ठते ॥ 65
प्रसादे सर्वदुःखानाम्, हानिरस्योपजायते ।
प्रसन्नचेतसो ह्याशु, बुद्धिः पर्यवतिष्ठते ॥ 2.65

नास्ति बुद्धिरयुक्तस्य न चायुक्तस्य भावना ।
न चाभावयतः शान्तिरशान्तस्य कुतः सुखम्॥ 66
नास्ति बुद्धिर् अयुक्तस्य, न चायुक्तस्य भावना ।
न चाभावयतश् शान्तिः, अशान्तस्य कुतस् सुखम्॥ 2.66

इन्द्रियाणां हि चरतां यन्मनोऽनुविधीयते ।
तदस्य हरति प्रज्ञां वायुर्नावमिवाम्भसि ॥ 67
इन्द्रियाणां हि चरताम्, यन् मनोनुविधीयते ।
तदस्य हरति प्रज्ञाम्, वायुर् नावम् इवाम्भसि ॥ 2.67

तस्माद्यस्य महाबाहो निगृहीतानि सर्वशः ।
इन्द्रियाणीन्द्रियार्थेभ्यस्तस्य प्रज्ञा प्रतिष्ठिता ॥ 68
तस्माद् यस्य महाबाहो, निगृहीतानि सर्वशः ।
इन्द्रिया-णीन्द्रियार्थेभ्यः, तस्य प्रज्ञा प्रतिष्ठिता ॥ 2.68

या निशा सर्वभूतानां तस्यां जागर्ति संयमी ।
यस्यां जाग्रति भूतानि सा निशा पश्यतो मुनेः ॥ 69
या निशा सर्वभूतानाम् , तस्यां जागर्ति संयमी ।
यस्यां जाग्रति भूतानि , सा निशा पश्यतो मुनेः ॥ 2.69

आपूर्यमाणमचलप्रतिष्ठं
समुद्रमापः प्रविशन्ति यद्वत् ।
तद्वत् कामा यं प्रविशन्ति सर्वे
स शान्तिमाप्नोति न कामकामी ॥ 70
आपूर्यमाणम् अचलप्रतिष्ठम् ,
समुद्रमापः प्रविशन्ति यद्वत् ।
तद्वत् कामा यं प्रविशन्ति सर्वे ,
स शान्तिम् आप्नोति न कामकामी ॥ 2.70 Trishtup

विहाय कामान्यः सर्वान्पुमांश्चरति निःस्पृहः ।
निर्ममो निरहङ्कारः स शान्तिमधिगच्छति ॥ 71
विहाय कामान् यस् सर्वान् , पुमांश् चरति निःस्पृहः ।
निर्ममो निर्-अहङ्कारः , स शान्तिम् अधिगच्छति ॥ 2.71

एषा ब्राह्मी स्थितिः पार्थ नैनां प्राप्य विमुह्यति ।
स्थित्वाऽस्यामन्तकालेऽपि ब्रह्मनिर्वाणमृच्छति ॥ 72
एषा ब्राह्मी स्थितिः पार्थ , नैनां प्राप्य विमुह्यति ।
स्थित्वास्याम् अन्तकालेपि , ब्रह्मनिर्वाणम् ऋच्छति ॥ 2.72

ॐ तत् सत् ।
इति श्रीमद्भगवद्गीतासु उपनिषत्सु ब्रह्मविद्यायां योगशास्त्रे श्रीकृष्णार्जुनसंवादे साङ्ख्य-योगो नाम द्वितीयोऽध्यायः ॥ 2nd ॥

3 Yoga of Right Choices in Life

ॐ श्री परमात्मने नमः । अथ तृतीयोऽध्यायः

Verse as written, with sandhis and conjuncts together

अर्जुन उवाच

ज्यायसी चेत्कर्मणस्ते मता बुद्धिर्जनार्दन ।
तत्किं कर्मणि घोरे मां नियोजयसि केशव ॥ 1

Verse as chanted, pausing at each pada quarter verse

अर्जुन उवाच

ज्यायसी चेत् कर्मणस् ते , मता बुद्धिर् जनार्दन ।
तत्किं कर्मणि घोरे माम् , नियोजयसि केशव ॥ 3.1

व्यामिश्रेणेव वाक्येन बुद्धिं मोहयसीव मे ।
तदेकं वद निश्चित्य येन श्रेयोऽहमाप्नुयाम् ॥ 2

व्यामिश्रेणेव वाक्येन , बुद्धिं मोहयसीव मे ।
तदेकं वद निश्चित्य , येन श्रेयोहम् आप्नुयाम् ॥ 3.2

श्री भगवानुवाच

लोकेऽस्मिन्द्विविधा निष्ठा पुरा प्रोक्ता मयानघ ।
ज्ञानयोगेन साङ्ख्यानां कर्मयोगेन योगिनाम् ॥ 3

श्री भगवान् उवाच

लोकेऽस्मिन् द्विविधा निष्ठा , पुरा प्रोक्ता मयानघ ।
ज्ञानयोगेन साङ्ख्यानाम् , कर्मयोगेन योगिनाम् ॥ 3.3

न कर्मणामनारम्भान्नैष्कर्म्यं पुरुषोऽश्नुते ।
न च संन्यसनादेव सिद्धिं समधिगच्छति ॥ 4

न कर्मणाम् अनारम्भात् , नैष्कर्म्यं पुरुषोऽश्नुते ।
न च संन्यसनादेव , सिद्धिं समधिगच्छति ॥ 3.4

न हि कश्चित्क्षणमपि जातु तिष्ठत्यकर्मकृत् ।
कार्यते ह्यवशः कर्म सर्वः प्रकृतिजैर्गुणैः ॥ 5
न हि कश्चित् क्षणम् अपि , जातु तिष्ठत्यकर्मकृत् ।
कार्यते ह्यवशᳵ कर्म , सर्वᳵ प्रकृतिजैर् गुणैः ॥ 3.5

कर्मेन्द्रियाणि संयम्य य आस्ते मनसा स्मरन् ।
इन्द्रियार्थान्विमूढात्मा मिथ्याचारः स उच्यते ॥ 6
कर्मेन्द्रियाणि संयम्य , य आस्ते मनसा स्मरन् ।
इन्द्रियार्थान् विमूढात्मा , मिथ्याचारस् स उच्यते ॥ 3.6

यस्त्विन्द्रियाणि मनसा नियम्यारभतेऽर्जुन ।
कर्मेन्द्रियैः कर्मयोगमसक्तः स विशिष्यते ॥ 7
यस्त्विन्द्रियाणि मनसा , नियम्यारभतेर्जुन ।
कर्मेन्द्रियैᳵ कर्मयोगम् , असक्तस् स विशिष्यते ॥ 3.7

नियतं कुरु कर्म त्वं कर्म ज्यायो ह्यकर्मणः ।
शरीरयात्रापि च ते न प्रसिद्ध्येदकर्मणः ॥ 8
नियतं कुरु कर्म त्वम् , कर्म ज्यायो ह्यकर्मणः ।
शरीरयात्रापि च ते , न प्रसिद्ध्येद् अकर्मणः ॥ 3.8

यज्ञार्थात्कर्मणोऽन्यत्र लोकोऽयं कर्मबन्धनः ।
तदर्थं कर्म कौन्तेय मुक्तसङ्गः समाचर ॥ 9
यज्ञार्थात् कर्मणोन्यत्र , लोकोयं कर्मबन्धनः ।
तदर्थं कर्म कौन्तेय , मुक्तसङ्गस् समाचर ॥ 3.9

सहयज्ञाः प्रजाः सृष्ट्वा पुरोवाच प्रजापतिः ।
अनेन प्रसविष्यध्वमेष वोऽस्त्विष्टकामधुक् ॥ 10
सहयज्ञाᳵ प्रजास् सृष्ट्वा , पुरोवाच प्रजापतिः ।
अनेन प्रसविष्यध्वम् , एष वोस्त्विष्टकामधुक् ॥ 3.10

देवान्भावयतानेन ते देवा भावयन्तु वः ।
परस्परं भावयन्तः श्रेयः परमवाप्स्यथ ॥ 11
देवान् भावयतानेन , ते देवा भावयन्तु वः ।
परस्परं भावयन्तः , श्रेयᳵ परम् अवाप्स्यथ ॥ 3.11

इष्टान्भोगान्हि वो देवा दास्यन्ते यज्ञभाविताः ।
तैर्दत्तानप्रदायैभ्यो यो भुङ्क्ते स्तेन एव सः ॥ 12
इष्टान् भोगान् हि वो देवाः , दास्यन्ते यज्ञभाविताः ।
तैर्दत्-तानप्रदायैभ्यः , यो भुङ्क्ते स्तेन एव सः ॥ 3.12

यज्ञशिष्टाशिनः सन्तो मुच्यन्ते सर्वकिल्बिषैः ।
भुञ्जते ते त्वघं पापा ये पचन्त्यात्मकारणात् ॥ 13
यज्ञशिष्टाशिनस् सन्तः , मुच्यन्ते सर्वकिल्बिषैः ।
भुञ्जते ते त्वघं पापाः , ये पचन्त्यात्मकारणात् ॥ 3.13

अन्नाद्भवन्ति भूतानि पर्जन्यादन्नसम्भवः ।
यज्ञाद्भवति पर्जन्यो यज्ञः कर्मसमुद्भवः ॥ 14
अन्नाद्भवन्ति भूतानि , पर्जन्याद् अन्नसम्भवः ।
यज्ञाद्भवति पर्जन्यः , यज्ञᳵ कर्मसमुद्भवः ॥ 3.14

कर्म ब्रह्मोद्भवं विद्धि ब्रह्माक्षरसमुद्भवम् ।
तस्मात्सर्वगतं ब्रह्म नित्यं यज्ञे प्रतिष्ठितम् ॥ 15
कर्म ब्रह्मोद्भवं विद्धि , ब्रह्माक्षरसमुद्भवम् ।
तस्मात् सर्वगतं ब्रह्म , नित्यं यज्ञे प्रतिष्ठितम् ॥ 3.15

एवं प्रवर्तितं चक्रं नानुवर्तयतीह यः ।
अघायुरिन्द्रियारामो मोघं पार्थ स जीवति ॥ 16
एवं प्रवर्तितं चक्रम् , नानुवर्तयतीह यः ।
अघायुरिन्द्रियारामः , मोघं पार्थ स जीवति ॥ 3.16

यस्त्वात्मरतिरेव स्यादात्मतृप्तश्च मानवः ।
आत्मन्येव च सन्तुष्टस्तस्य कार्यं न विद्यते ॥ 17
यस्त्वात्मरतिरेव स्यात् , आत्मतृप्तश्च मानवः ।
आत्मन्येव च सन्तुष्टः , तस्य कार्यं न विद्यते ॥ 3.17

नैव तस्य कृतेनार्थो नाकृतेनेह कश्चन ।
न चास्य सर्वभूतेषु कश्चिदर्थव्यपाश्रयः ॥ 18
नैव तस्य कृतेनार्थः , नाकृतेनेह कश्चन ।
न चास्य सर्वभूतेषु , कश्चिद् अर्थव्यपाश्रयः ॥ 3.18

तस्मादसक्तः सततं कार्यं कर्म समाचर ।
असक्तो ह्याचरन्कर्म परमाप्नोति पूरुषः ॥ 19
तस्माद् असक्तस् सततं , कार्यं कर्म समाचर ।
असक्तो ह्याचरन् कर्म , परम् आप्नोति पूरुषः ॥ 3.19

कर्मणैव हि संसिद्धिमास्थिता जनकादयः ।
लोकसङ्ग्रहमेवापि सम्पश्यन्कर्तुमर्हसि ॥ 20
कर्मणैव हि संसिद्धिम् , आस्थिता जनकादयः ।
लोकसङ्ग्रहमेवापि , सम्पश्यन् कर्तुमर्हसि ॥ 3.20

यद्यदाचरति श्रेष्ठस्तत्तदेवेतरो जनः ।
स यत्प्रमाणं कुरुते लोकस्तदनुवर्तते ॥ 21
यद् यदाचरति श्रेष्ठः , तत् तदेवेतरो जनः ।
स यत् प्रमाणं कुरुते , लोकस् तद् अनुवर्तते ॥ 3.21

न मे पार्थास्ति कर्तव्यं त्रिषु लोकेषु किञ्चन ।
नानवाप्तमवाप्तव्यं वर्त एव च कर्मणि ॥ 22
न मे पार्थास्ति कर्तव्यम् , त्रिषु लोकेषु किञ्चन ।
नानवाप्तम् अवाप्तव्यम् , वर्त एव च कर्मणि ॥ 3.22

यदि ह्यहं न वर्तेयं जातु कर्मण्यतन्द्रितः ।
मम वर्त्मानुवर्तन्ते मनुष्याः पार्थ सर्वशः ॥ 23
यदि ह्यहं न वर्तेयम् , जातु कर्मण्यतन्द्रितः ।
मम वर्त्मानुवर्तन्ते , मनुष्याᳶ पार्थ सर्वशः ॥ 3.23

उत्सीदेयुरिमे लोका न कुर्यां कर्म चेदहम् ।
सङ्करस्य च कर्ता स्यामुपहन्यामिमाः प्रजाः ॥ 24
उत्सीदेयुरिमे लोकाः , न कुर्यां कर्म चेदहम् ।
सङ्करस्य च कर्ता स्याम् , उपहन्यामिमाᳶ प्रजाः ॥ 3.24

सक्ताः कर्मण्यविद्वांसो यथा कुर्वन्ति भारत ।
कुर्याद्विद्वांस्तथासक्तश्चिकीर्षुर्लोकसङ्ग्रहम् ॥ 25
सक्ताᳵ कर्मण्यविद्वांसः , यथा कुर्वन्ति भारत ।
कुर्याद् विद्वांस्तथासक्तः , चिकीर्षुर् लोकसङ्ग्रहम् ॥ 3.25

न बुद्धिभेदं जनयेदज्ञानां कर्मसङ्गिनाम् ।
जोषयेत्सर्वकर्माणि विद्वान्युक्तः समाचरन् ॥ 26
न बुद्धिभेदं जनयेत् , अज्ञानां कर्मसङ्गिनाम् ।
जोषयेत् सर्वकर्माणि , विद्वान् युक्तस् समाचरन् ॥ 3.26

प्रकृतेः क्रियमाणानि गुणैः कर्माणि सर्वशः ।
अहङ्कारविमूढात्मा कर्ताऽहमिति मन्यते ॥ 27
प्रकृतेᳵ क्रियमाणानि , गुणैᳵ कर्माणि सर्वशः ।
अहङ्कारविमूढात्मा , कर्ताहम् इति मन्यते ॥ 3.27

तत्त्ववित्तु महाबाहो गुणकर्मविभागयोः ।
गुणा गुणेषु वर्तन्त इति मत्वा न सज्जते ॥ 28
तत्त्ववित् तु महाबाहो , गुणकर्मविभागयोः ।
गुणा गुणेषु वर्तन्ते , इति मत्वा न सज्जते ॥ 3.28

प्रकृतेर्गुणसम्मूढाः सज्जन्ते गुणकर्मसु ।
तानकृत्स्नविदो मन्दान्कृत्स्नविन्न विचालयेत् ॥ 29
प्रकृतेर् गुणसम्मूढाः , सज्जन्ते गुणकर्मसु ।
तान् अकृत्स्नविदो मन्दान् , कृत्स्नविन् न विचालयेत् ॥ 3.29

मयि सर्वाणि कर्माणि सन्न्यस्याध्यात्मचेतसा ।
निराशीर्निर्ममो भूत्वा युध्यस्व विगतज्वरः ॥ 30
मयि सर्वाणि कर्माणि , सन्न्यस्या-ध्यात्म-चेतसा ।
निराशीर् निर्ममो भूत्वा , युध्यस्व विगतज्वरः ॥ 3.30

ये मे मतमिदं नित्यमनुतिष्ठन्ति मानवाः ।
श्रद्धावन्तोऽनसूयन्तो मुच्यन्ते तेऽपि कर्मभिः ॥ 31
ये मे मतम् इदं नित्यम् , अनुतिष्ठन्ति मानवाः ।
श्रद्धावन्तोऽनसूयन्तः , मुच्यन्ते तेपि कर्मभिः ॥ 3.31

ये त्वेतदभ्यसूयन्तो नानुतिष्ठन्ति मे मतम् ।
सर्वज्ञानविमूढांस्तान्विद्धि नष्टानचेतसः ॥ 32
ये त्वेतद् अभ्यसूयन्तः , नानुतिष्ठन्ति मे मतम् ।
सर्वज्ञानविमूढांस्तान् , विद्धि नष्टान् अचेतसः ॥ 3.32

सदृशं चेष्टते स्वस्याः प्रकृतेर्ज्ञानवानपि ।
प्रकृतिं यान्ति भूतानि निग्रहः किं करिष्यति ॥ 33
सदृशं चेष्टते स्वस्याः , प्रकृतेर् ज्ञानवानपि ।
प्रकृतिं यान्ति भूतानि , निग्रहः किं करिष्यति ॥ 3.33

इन्द्रियस्येन्द्रियस्यार्थे रागद्वेषौ व्यवस्थितौ ।
तयोर्न वशमागच्छेत्तौ ह्यस्य परिपन्थिनौ ॥ 34
इन्द्रियस्येन्द्रियस्यार्थे , रागद्वेषौ व्यवस्थितौ ।
तयोर्न वशम् आगच्छेत् , तौ ह्यस्य परिपन्थिनौ ॥ 3.34

श्रेयान्स्वधर्मो विगुणः परधर्मात्स्वनुष्ठितात् ।
स्वधर्मे निधनं श्रेयः परधर्मो भयावहः ॥ 35
श्रेयान् स्वधर्मो विगुणः , परधर्मात् स्वनुष्ठितात् ।
स्वधर्मे निधनं श्रेयः , परधर्मो भयावहः ॥ 3.35

अर्जुन उवाच
अथ केन प्रयुक्तोऽयं पापं चरति पूरुषः ।
अनिच्छन्नपि वार्ष्णेय बलादिव नियोजितः ॥ 36
अर्जुन उवाच
अथ केन प्रयुक्तोयम् , पापं चरति पूरुषः ।
अनिच्छन्नपि वार्ष्णेय , बलादिव नियोजितः ॥ 3.36

श्री भगवानुवाच
काम एष क्रोध एष रजोगुणसमुद्भवः ।
महाशनो महापाप्मा विद्ध्येनमिह वैरिणम् ॥ 37
श्री भगवान् उवाच
काम एष क्रोध एषः , रजोगुणसमुद्भवः ।
महाशनो महापाप्मा , विद्ध्येनम् इह वैरिणम् ॥ 3.37

धूमेनाव्रियते वह्निर्यथाऽऽदर्शो मलेन च ।
यथोल्बेनावृतो गर्भस्तथा तेनेदमावृतम् ॥ 38
धूमेनाव्रियते वह्निः , यथादर्शो मलेन च ।
यथोल्बेनावृतो गर्भः , तथा तेनेदमावृतम् ॥ 3.38

आवृतं ज्ञानमेतेन ज्ञानिनो नित्यवैरिणा ।
कामरूपेण कौन्तेय दुष्पूरेणानलेन च ॥ 39
आवृतं ज्ञानम् एतेन , ज्ञानिनो नित्यवैरिणा ।
कामरूपेण कौन्तेय , दुष्पूरेणानलेन च ॥ 3.39

इन्द्रियाणि मनो बुद्धिरस्याधिष्ठानमुच्यते ।
एतैर्विमोहयत्येष ज्ञानम् आवृत्य देहिनम् ॥ 40
इन्द्रियाणि मनो बुद्धिः , अस्याधिष्ठानम् उच्यते ।
एतैर् विमोहयत्येषः , ज्ञानम् आवृत्य देहिनम् ॥ 3.40

तस्मात्त्वम् इन्द्रियाण्यादौ नियम्य भरतर्षभ ।
पाप्मानं प्रजहि ह्येनं ज्ञानविज्ञाननाशनम् ॥ 41
तस्मात् त्वम् इन्द्रियाण्यादौ , नियम्य भरतर्षभ ।
पाप्मानं प्रजहि ह्येनम् , ज्ञानविज्ञाननाशनम् ॥ 3.41

इन्द्रियाणि पराण्याहुरिन्द्रियेभ्यः परं मनः ।
मनसस्तु परा बुद्धिर्यो बुद्धेः परतस्तु सः ॥ 42
इन्द्रियाणि पराण्याहुः , इन्द्रियेभ्यᳶ परं मनः ।
मनसस्तु परा बुद्धिः , यो बुद्धेᳶ परतस्तु सः ॥ 3.42

एवं बुद्धेः परं बुद्ध्वा संस्तभ्यात्मानमात्मना।
जहि शत्रुं महाबाहो कामरूपं दुरासदम् ॥ 43
एवं बुद्धेᳶ परं बुद्ध्वा , संस्तभ्यात्मानम् आत्मना।
जहि शत्रुं महाबाहो , कामरूपं दुरासदम् ॥ 3.43

ॐ तत् सत् ।
इति श्रीमद्भगवद्गीतासु उपनिषत्सु ब्रह्मविद्यायां योगशास्त्रे श्रीकृष्णार्जुनसंवादे कर्म-योगो नाम तृतीयोऽध्यायः ॥ 3rd ॥

4 Yoga of Intention

ॐ श्री परमात्मने नमः । अथ चतुर्थोऽध्यायः

Verse as written, with sandhis and conjuncts together

श्री भगवानुवाच
इमं विवस्वते योगं प्रोक्तवानहमव्ययम् ।
विवस्वान्मनवे प्राह मनुरिक्ष्वाकवेऽब्रवीत् ॥ 1

Verse as chanted, pausing at each pada quarter verse

श्री भगवान् उवाच
इमं विवस्वते योगम् , प्रोक्तवान् अहम् अव्ययम् ।
विवस्वान् मनवे प्राह , मनुर् इक्ष्वाकवेब्रवीत् ॥ 4.1

एवं परम्पराप्राप्तमिमं राजर्षयो विदुः ।
स कालेनेह महता योगो नष्टः परन्तप ॥ 2
एवं परम्पराप्राप्तम् , इमं राजर्षयो विदुः ।
स कालेनेह महता , योगो नष्ट परन्तप ॥ 4.2

स एवायं मया तेऽद्य योगः प्रोक्तः पुरातनः ।
भक्तोऽसि मे सखा चेति रहस्यं ह्येतदुत्तमम् ॥ 3
स एवायं मया ते द्य , योग प्रोक्त पुरातनः ।
भक्तोसि मे सखा चेति , रहस्यं ह्येतद् उत्तमम् ॥ 4.3

अर्जुन उवाच
अपरं भवतो जन्म परं जन्म विवस्वतः ।
कथमेतद्विजानीयां त्वमादौ प्रोक्तवानिति॥ 4
अर्जुन उवाच
अपरं भवतो जन्म , परं जन्म विवस्वतः ।
कथम् एतद् विजानीयाम् , त्वम् आदौ प्रोक्तवान् इति॥ 4

श्री भगवानुवाच
बहूनि मे व्यतीतानि जन्मानि तव चार्जुन ।
तान्यहं वेद सर्वाणि न त्वं वेत्थ परन्तप ॥ 5

श्री भगवान् उवाच
बहूनि मे व्यतीतानि , जन्मानि तव चार्जुन ।
तान्यहं वेद सर्वाणि , न त्वं वेत्थ परन्तप ॥ 4.5

अजोऽपि सन्नव्ययात्मा भूतानामीश्वरोऽपि सन् ।
प्रकृतिं स्वामधिष्ठाय सम्भवाम्यात्ममायया ॥ 6
अजोपि सन्नव्ययात्मा , भूतानाम् ईश्वरोपि सन् ।
प्रकृतिं स्वाम् अधिष्ठाय , सम्भवाम्यात्ममायया ॥ 4.6

यदा यदा हि धर्मस्य ग्लानिर्भवति भारत ।
अभ्युत्थानमधर्मस्य तदात्मानं सृजाम्यहम् ॥ 7
यदा यदा हि धर्मस्य , ग्लानिर् भवति भारत ।
अभ्युत्-थानम् अधर्मस्य , तदात्मानं सृजाम्यहम् ॥ 4.7

परित्राणाय साधूनां विनाशाय च दुष्कृताम् ।
धर्मसंस्थापनार्थाय सम्भवामि युगे युगे ॥ 8
परित्राणाय साधूनाम् , विनाशाय च दुष्कृताम् ।
धर्मसंस्थापनार्थाय , सम्भवामि युगे युगे ॥ 4.8

जन्म कर्म च मे दिव्यमे एवं यो वेत्ति तत्त्वतः ।
त्यक्त्वा देहं पुनर्जन्म नैति मामेति सोऽर्जुन ॥ 9
जन्म कर्म च मे दिव्यम् , एवं यो वेत्ति तत्त्वतः ।
त्यक्त्वा देहं पुनर्जन्म , नैति मामेति सोर्जुन ॥ 4.9

वीतरागभयक्रोधा मन्मया मामुपाश्रिताः ।
बहवो ज्ञानतपसा पूता मद्भावमागताः ॥ 10
वीतरागभयक्रोधाः , मन्मया माम् उपाश्रिताः ।
बहवो ज्ञानतपसा , पूता मद्भावम् आगताः ॥ 4.10

ये यथा मां प्रपद्यन्ते तांस्तथैव भजाम्यहम् ।
मम वर्त्मानुवर्तन्ते मनुष्याः पार्थ सर्वशः ॥ 11
ये यथा मां प्रपद्यन्ते , तांस्तथैव भजाम्यहम् ।
मम वर्त्मानुवर्तन्ते , मनुष्याᳶ पार्थ सर्वशः ॥ 4.11

काङ्क्षन्तः कर्मणां सिद्धिं यजन्त इह देवताः ।
क्षिप्रं हि मानुषे लोके सिद्धिर्भवति कर्मजा ॥ 12
काङ्क्षन्तᳵ कर्मणां सिद्धिम् , यजन्त इह देवताः ।
क्षिप्रं हि मानुषे लोके , सिद्धिर् भवति कर्मजा ॥ 4.12

चातुर्वर्ण्यं मया सृष्टं गुणकर्मविभागशः ।
तस्य कर्तारमपि मां विद्ध्यकर्तारमव्ययम् ॥ 13
चातुर्वर्ण्यं मया सृष्टम् , गुणकर्मविभागशः ।
तस्य कर्तारम् अपि माम् , विद्ध्यकर्तारम् अव्ययम् ॥ 4.13

न मां कर्माणि लिम्पन्ति न मे कर्मफले स्पृहा ।
इति मां योऽभिजानाति कर्मभिर्न स बध्यते ॥ 14
न मां कर्माणि लिम्पन्ति , न मे कर्मफले स्पृहा ।
इति मां योभिजानाति , कर्मभिर् न स बध्यते ॥ 4.14

एवं ज्ञात्वा कृतं कर्म पूर्वैरपि मुमुक्षुभिः ।
कुरु कर्मैव तस्मात्त्वं पूर्वैः पूर्वतरं कृतम् ॥ 15
एवं ज्ञात्वा कृतं कर्म , पूर्वैरपि मुमुक्षुभिः ।
कुरु कर्मैव तस्मात् त्वम् , पूर्वैᳶ पूर्वतरं कृतम् ॥ 4.15

किं कर्म किमकर्मेति कवयोऽप्यत्र मोहिताः ।
तत्ते कर्म प्रवक्ष्यामि यज्ज्ञात्वा मोक्ष्यसेऽशुभात् ॥ 16
किं कर्म किम् अकर्मेति , कवयोप्यत्र मोहिताः ।
तत्ते कर्म प्रवक्ष्यामि , यज् ज्ञात्वा मोक्ष्यसेशुभात् ॥ 4.16

कर्मणो ह्यपि बोद्धव्यं बोद्धव्यं च विकर्मणः ।
अकर्मणश्च बोद्धव्यं गहना कर्मणो गतिः ॥ 17
कर्मणो ह्यपि बोद्धव्यम् , बोद्धव्यं च विकर्मणः ।
अकर्मणश्च बोद्धव्यम् , गहना कर्मणो गतिः ॥ 4.17

कर्मण्यकर्म यः पश्येदकर्मणि च कर्म यः ।
स बुद्धिमान्मनुष्येषु स युक्तः कृत्स्नकर्मकृत् ॥ 18
कर्मण्यकर्म यᳵ पश्येत् , अकर्मणि च कर्म यः ।
स बुद्धिमान् मनुष्येषु , स युक्तᳵ कृत्स्नकर्मकृत् ॥ 4.18

यस्य सर्वे समारम्भाः कामसङ्कल्पवर्जिताः ।
ज्ञानाग्निदग्धकर्माणं तमाहुः पण्डितं बुधाः ॥ 19
यस्य सर्वे समारम्भाः , कामसङ्कल्पवर्जिताः ।
ज्ञानाग्नि-दग्ध-कर्माणम् , तमाहुᳵ पण्डितं बुधाः ॥ 4.19

त्यक्त्वा कर्मफलासङ्गं नित्यतृप्तो निराश्रयः ।
कर्मण्यभिप्रवृत्तोऽपि नैव किञ्चित्करोति सः ॥ 20
त्यक्त्वा कर्मफलासङ्गम् , नित्यतृप्तो निराश्रयः ।
कर्मण्यभिप्रवृत्तोपि , नैव किञ्चित् करोति सः ॥ 4.20

निराशीर्यतचित्तात्मा त्यक्तसर्वपरिग्रहः ।
शारीरं केवलं कर्म कुर्वन्नाप्नोति किल्बिषम् ॥ 21
निराशीर् यतचित्तात्मा , त्यक्तसर्वपरिग्रहः ।
शारीरं केवलं कर्म , कुर्वन् नाप्नोति किल्बिषम् ॥ 4.21

यदृच्छालाभसन्तुष्टो द्वन्द्वातीतो विमत्सरः ।
समः सिद्धावसिद्धौ च कृत्वापि न निबध्यते ॥ 22
यदृच्छालाभसन्तुष्टः , द्वन्द्वातीतो विमत्सरः ।
समस् सिद्धावसिद्धौ च , कृत्वापि न निबध्यते ॥ 4.22

गतसङ्गस्य मुक्तस्य ज्ञानावस्थितचेतसः ।
यज्ञायाचरतः कर्म समग्रं प्रविलीयते ॥ 23
गतसङ्गस्य मुक्तस्य , ज्ञानावस्थितचेतसः ।
यज्ञायाचरतᳶ कर्म , समग्रं प्रविलीयते ॥ 4.23

ब्रह्मार्पणं ब्रह्म हविर्ब्रह्माग्नौ ब्रह्मणा हुतम् ।
ब्रह्मैव तेन गन्तव्यं ब्रह्मकर्मसमाधिना ॥ 24
ब्रह्मार्पणं ब्रह्म हविः , ब्रह्माग्नौ ब्रह्मणा हुतम् ।
ब्रह्मैव तेन गन्तव्यम् , ब्रह्मकर्मसमाधिना ॥ 4.24

दैवमेवापरे यज्ञं योगिनः पर्युपासते ।
ब्रह्माग्नावपरे यज्ञं यज्ञेनैवोपजुह्वति ॥ 25
दैवम् एवापरे यज्ञम् , योगिनᳶ पर्युपासते ।
ब्रह्माग्नावपरे यज्ञम् , यज्ञेनैवोपजुह्वति ॥ 4.25

श्रोत्रादीनीन्द्रियाण्यन्ये संयमाग्निषु जुह्वति ।
शब्दादीन्विषयानन्य इन्द्रियाग्निषु जुह्वति ॥ 26
श्रोत्रादीनि इन्द्रियाण्यन्ये , संयमाग्निषु जुह्वति ।
शब्दादीन् विषयान् अन्ये , इन्द्रियाग्निषु जुह्वति ॥ 4.26

सर्वाणीन्द्रियकर्माणि प्राणकर्माणि चापरे ।
आत्मसंयमयोगाग्नौ जुह्वति ज्ञानदीपिते ॥ 27
सर्वाणि इन्द्रियकर्माणि , प्राणकर्माणि चापरे ।
आत्मसंयमयोगाग्नौ , जुह्वति ज्ञानदीपिते ॥ 4.27

द्रव्ययज्ञास्तपोयज्ञा योगयज्ञास्तथापरे ।
स्वाध्यायज्ञानयज्ञाश्च यतयः संशितव्रताः ॥ 28
द्रव्ययज्ञास् तपोयज्ञाः , योगयज्ञास् तथापरे ।
स्वाध्यायज्ञानयज्ञाश्च , यतयस् संशितव्रताः ॥ 4.28

अपाने जुह्वति प्राणं प्राणेऽपानं तथाऽपरे ।
प्राणापानगती रुद्ध्वा प्राणायामपरायणाः ॥ 29
अपाने जुह्वति प्राणम् , प्राणेपानं तथापरे ।
प्राणापानगती रुद्ध्वा , प्राणायामपरायणाः ॥ 4.29

अपरे नियताहाराः प्राणान्प्राणेषु जुह्वति ।
सर्वेऽप्येते यज्ञविदो यज्ञक्षपितकल्मषाः ॥ 30
अपरे नियताहाराः , प्राणान् प्राणेषु जुह्वति ।
सर्वेप्येते यज्ञविदः , यज्ञक्षपितकल्मषाः ॥ 4.30

यज्ञशिष्टामृतभुजो यान्ति ब्रह्म सनातनम् ।
नायं लोकोऽस्त्ययज्ञस्य कुतोऽन्यः कुरुसत्तम ॥ 31
यज्ञशिष्टामृतभुजः , यान्ति ब्रह्म सनातनम् ।
नायं लोकोस्त्ययज्ञस्य , कुतोन्यᳵ कुरुसत्तम ॥ 4.31

एवं बहुविधा यज्ञा वितता ब्रह्मणो मुखे ।
कर्मजान्विद्धि तान्सर्वानेवं ज्ञात्वा विमोक्ष्यसे॥ 32
एवं बहुविधा यज्ञाः , वितता ब्रह्मणो मुखे ।
कर्मजान् विद्धि तान् सर्वान् ,एवं ज्ञात्वा विमोक्ष्यसे॥ 4.32

श्रेयान्द्रव्यमयाद्यज्ञाज्ज्ञानयज्ञः परन्तप ।
सर्वं कर्माखिलं पार्थ ज्ञाने परिसमाप्यते ॥ 33
श्रेयान् द्रव्यमयाद् यज्ञात् , ज्ञानयज्ञᳵ परन्तप ।
सर्वं कर्माखिलं पार्थ , ज्ञाने परिसमाप्यते ॥ 4.33

तद्विद्धि प्रणिपातेन परिप्रश्नेन सेवया ।
उपदेक्ष्यन्ति ते ज्ञानं ज्ञानिनस्तत्त्वदर्शिनः ॥ 34
तद् विद्धि प्रणिपातेन , परिप्रश्नेन सेवया ।
उपदेक्ष्यन्ति ते ज्ञानम् , ज्ञानिनस् तत्त्वदर्शिनः ॥ 4.34

यज्ज्ञात्वा न पुनर्मोहमेवं यास्यसि पाण्डव ।
येन भूतान्यशेषेण द्रक्ष्यस्यात्मन्यथो मयि ॥ 35
यज् ज्ञात्वा न पुनर्मोहम् , एवं यास्यसि पाण्डव ।
येन भूतान्यशेषेण , द्रक्ष्यस्यात्मन्यथो मयि ॥ 4.35

अपि चेदसि पापेभ्यः सर्वेभ्यः पापकृत्तमः ।
सर्वं ज्ञानप्लवेनैव वृजिनं सन्तरिष्यसि ॥ 36
अपि चेदसि पापेभ्यः , सर्वेभ्यᳲ पापकृत्तमः ।
सर्वं ज्ञानप्लवेनैव , वृजिनं सन्तरिष्यसि ॥ 4.36

यथैधांसि समिद्धोऽग्निर्भस्मसात्कुरुतेऽर्जुन ।
ज्ञानाग्निः सर्वकर्माणि भस्मसात्कुरुते तथा ॥ 37
यथैधांसि समिद्-धोग्निः , भस्मसात् कुरुतेर्जुन ।
ज्ञानाग्निस् सर्वकर्माणि , भस्मसात् कुरुते तथा ॥ 4.37

न हि ज्ञानेन सदृशं पवित्रमिह विद्यते ।
तत्स्वयं योगसंसिद्धः कालेनात्मनि विन्दति ॥ 38
न हि ज्ञानेन सदृशम् , पवित्रम् इह विद्यते ।
तत् स्वयं योगसंसिद्धः , कालेनात्मनि विन्दति ॥ 4.38

श्रद्धावाँल्लभते ज्ञानं तत्परः संयतेन्द्रियः ।
ज्ञानं लब्ध्वा परां शान्तिमचिरेणाधिगच्छति ॥ 39
श्रद्धावाँल् लभते ज्ञानम् , तत्परस् संयतेन्द्रियः ।
ज्ञानं लब्ध्वा परां शान्तिम् , अचिरेणाधिगच्छति ॥ 4.39

अज्ञश्चाश्रद्दधानश्च संशयात्मा विनश्यति ।
नायं लोकोऽस्ति न परो न सुखं संशयात्मनः ॥ 40
अज्ञश् चाश्रद्दधानश्च , संशयात्मा विनश्यति ।
नायं लोकोस्ति न परः , न सुखं संशयात्मनः ॥ 4.40

योगसन्न्यस्तकर्माणं ज्ञानसञ्छिन्नसंशयम् ।
आत्मवन्तं न कर्माणि निबध्नन्ति धनञ्जय ॥ 41
योगसन्न्यस्तकर्माणम् , ज्ञानसञ्छिन्-नसंशयम् ।
आत्मवन्तं न कर्माणि , निबध्नन्ति धनञ्जय ॥ 4.41

तस्मादज्ञानसम्भूतं हृत्स्थं ज्ञानासिनाऽऽत्मनः ।
छित्त्वैनं संशयं योगमातिष्ठोत्तिष्ठ भारत ॥ 42
तस्माद् अज्ञानसम्भूतम् , हृत्स्थं ज्ञानासिनात्मनः ।
छित्त्वैनं संशयं योगम् , आतिष्ठोत्तिष्ठ भारत ॥ 4.42

ॐ तत् सत् ।
इति श्रीमद्भगवद्गीतासु उपनिषत्सु ब्रह्मविद्यायां योगशास्त्रे श्रीकृष्णार्जुनसंवादे ज्ञान-कर्म-सन्न्यास-योगो नाम चतुर्थोऽध्यायः ॥ 4th ॥

5 Yoga of Calmness

ॐ श्री परमात्मने नमः । अथ पञ्चमोऽध्यायः

Verse as written, with sandhis and conjuncts together
अर्जुन उवाच
सन्न्यासं कर्मणां कृष्ण पुनर्योगं च शंससि ।
यच्छ्रेय एतयोरेकं तन्मे ब्रूहि सुनिश्चितम् ॥ 1

Verse as chanted, pausing at each pada quarter verse
अर्जुन उवाच
सन्न्यासं कर्मणां कृष्ण , पुनर् योगं च शंससि ।
यच्छ्रेय एतयोरेकम् , तन्मे ब्रूहि सुनिश्चितम् ॥ 5.1

श्री भगवानुवाच
सन्न्यासः कर्मयोगश्च निःश्रेयसकरावुभौ ।
तयोस्तु कर्मसन्न्यासात्कर्मयोगो विशिष्यते ॥ 2

श्री भगवान् उवाच
सन्न्यासः कर्मयोगश्च , निःश्रेयसकरावुभौ ।
तयोस्तु कर्मसन्न्यासात् , कर्मयोगो विशिष्यते ॥ 5.2

ज्ञेयः स नित्यसन्न्यासी यो न द्वेष्टि न काङ्क्षति ।
निर्द्वन्द्वो हि महाबाहो सुखं बन्धात्प्रमुच्यते ॥ 3
ज्ञेयस् स नित्यसन्न्यासी , यो न द्वेष्टि न काङ्क्षति ।
निर्-द्वन्द्वो हि महाबाहो , सुखं बन्धात् प्रमुच्यते ॥ 5.3

साङ्ख्ययोगौ पृथग्बालाः प्रवदन्ति न पण्डिताः ।
एकमप्यास्थितः सम्यगुभयोर्विन्दते फलम् ॥ 4
साङ्ख्ययोगौ पृथग्बालाः , प्रवदन्ति न पण्डिताः ।
एकम् अप्यास्थितस् सम्यक् , उभयोर्विन्दते फलम् ॥ 5.4

यत्साङ्ख्यैः प्राप्यते स्थानं तद्योगैरपि गम्यते ।
एकं साङ्ख्यं च योगं च यः पश्यति स पश्यति ॥ 5
यत् साङ्ख्यैः प्राप्यते स्थानम् , तद् योगैरपि गम्यते ।
एकं साङ्ख्यं च योगं च , यः पश्यति स पश्यति ॥ 5.5

सन्न्यासस्तु महाबाहो दुःखमाप्तुमयोगतः ।
योगयुक्तो मुनिर्ब्रह्म नचिरेणाधिगच्छति ॥ 6
सन्न्यासस्तु महाबाहो , दुःखम आप्तुम् अयोगतः ।
योगयुक्तो मुनिर् ब्रह्म , नचिरेणाधिगच्छति ॥ 5.6

योगयुक्तो विशुद्धात्मा विजितात्मा जितेन्द्रियः ।
सर्वभूतात्मभूतात्मा कुर्वन्नपि न लिप्यते ॥ 7
योगयुक्तो विशुद्धात्मा , विजितात्मा जितेन्द्रियः ।
सर्वभूतात्मभूतात्मा , कुर्वन्नपि न लिप्यते ॥ 5.7

नैव किञ्चित्करोमीति युक्तो मन्येत तत्त्ववित् ।
पश्यञ्श‍ृण्वन्स्पृशञ्जिघ्रन्नश्नन्गच्छन्स्वपञ्श्वसन् ॥ 8
नैव किञ्चित् करोमीति , युक्तो मन्येत तत्त्ववित् ।
पश्यञ् श‍ृण्वन् स्पृशञ् जिघ्रन् , अश्नन् गच्छन् स्वपञ् श्वसन् ॥ 5.8

प्रलपन्विसृजन्गृह्णन्नुन्मिषन्निमिषन्नपि ।
इन्द्रियाणीन्द्रियार्थेषु वर्तन्त इति धारयन् ॥ 9
प्रलपन् विसृजन् गृह्णन् , उन्मिषन् निमिषन्नपि ।
इन्द्रियाणि इन्द्रियार्थेषु , वर्तन्त इति धारयन् ॥ 5.9

ब्रह्मण्याधाय कर्माणि सङ्गं त्यक्त्वा करोति यः ।
लिप्यते न स पापेन पद्मपत्रमिवाम्भसा ॥ 10
ब्रह्मण्याधाय कर्माणि , सङ्गं त्यक्त्वा करोति यः ।
लिप्यते न स पापेन , पद्मपत्रम् इवाम्भसा ॥ 5.10

कायेन मनसा बुद्ध्या केवलैरिन्द्रियैरपि ।
योगिनः कर्म कुर्वन्ति सङ्गं त्यक्त्वाऽऽत्मशुद्धये ॥ 11
कायेन मनसा बुद्ध्या , केवलैर् इन्द्रियैरपि ।
योगिनः कर्म कुर्वन्ति , सङ्गं त्यक्त्वात्मशुद्धये ॥ 5.11

युक्तः कर्मफलं त्यक्त्वा शान्तिमाप्नोति नैष्ठिकीम् ।
अयुक्तः कामकारेण फले सक्तो निबध्यते ॥ 12
युक्तः कर्मफलं त्यक्त्वा , शान्तिम् आप्नोति नैष्ठिकीम् ।
अयुक्तः कामकारेण , फले सक्तो निबध्यते ॥ 5.12

सर्वकर्माणि मनसा सन्न्यस्यास्ते सुखं वशी ।
नवद्वारे पुरे देही नैव कुर्वन्न कारयन् ॥ 13
सर्वकर्माणि मनसा , सन्न्यस्यास्ते सुखं वशी ।
नवद्वारे पुरे देही , नैव कुर्वन् न कारयन् ॥ 5.13

न कर्तृत्वं न कर्माणि लोकस्य सृजति प्रभुः ।
न कर्मफलसंयोगं स्वभावस्तु प्रवर्तते ॥ 14
न कर्तृत्वं न कर्माणि , लोकस्य सृजति प्रभुः ।
न कर्मफलसंयोगम् , स्वभावस्तु प्रवर्तते ॥ 5.14

नादत्ते कस्यचित्पापं न चैव सुकृतं विभुः ।
अज्ञानेनावृतं ज्ञानं तेन मुह्यन्ति जन्तवः ॥ 15
नादत्ते कस्यचित् पापम् , न चैव सुकृतं विभुः ।
अज्ञानेनावृतं ज्ञानम् , तेन मुह्यन्ति जन्तवः ॥ 5.15

ज्ञानेन तु तदज्ञानं येषां नाशितमात्मनः ।
तेषामादित्यवज्ज्ञानं प्रकाशयति तत्परम् ॥ 16
ज्ञानेन तु तद् अज्ञानम् , येषां नाशितमात्मनः ।
तेषाम् आदित्यवज् ज्ञानम् , प्रकाशयति तत् परम् ॥ 5.16

तद्बुद्धयस्तदात्मानस्तन्निष्ठास्तत्परायणाः ।
गच्छन्त्यपुनरावृत्तिं ज्ञाननिर्धूतकल्मषाः ॥ 17
तद्बुद्धयस् तदात्मानः , तन्निष्ठास् तत्परायणाः ।
गच्छन्त्यपुनरावृत्तिम् , ज्ञाननिर्धूतकल्मषाः ॥ 5.17

विद्याविनयसम्पन्ने ब्राह्मणे गवि हस्तिनि ।
शुनि चैव श्वपाके च पण्डिताः समदर्शिनः ॥ 18
विद्याविनयसम्पन्ने , ब्राह्मणे गवि हस्तिनि ।
शुनि चैव श्वपाके च , पण्डितास् समदर्शिनः ॥ 5.18

इहैव तैर्जितः सर्गो येषां साम्ये स्थितं मनः ।
निर्दोषं हि समं ब्रह्म तस्माद्ब्रह्मणि ते स्थिताः ॥ 19
इहैव तैर्जितस् सर्गः , येषां साम्ये स्थितं मनः ।
निर्दोषं हि समं ब्रह्म , तस्माद् ब्रह्मणि ते स्थिताः ॥ 5.19

न प्रहृष्येत्प्रियं प्राप्य नोद्विजेत्प्राप्य चाप्रियम् ।
स्थिरबुद्धिरसम्मूढो ब्रह्मविद्ब्रह्मणि स्थितः ॥ 20
न प्रहृष्येत्प्रियं प्राप्य , नोद्-विजेत् प्राप्य चाप्रियम् ।
स्थिरबुद्धिर् असम्मूढः , ब्रह्मविद् ब्रह्मणि स्थितः ॥ 5.20

बाह्यस्पर्शेष्वसक्तात्मा विन्दत्यात्मनि यत्सुखम् ।
स ब्रह्मयोगयुक्तात्मा सुखमक्षयमश्नुते ॥ 21
बाह्यस्पर्शेष्वसक्तात्मा , विन्दत्यात्मनि यत् सुखम् ।
स ब्रह्मयोगयुक्तात्मा , सुखम् अक्षयम् अश्नुते ॥ 5.21

ये हि संस्पर्शजा भोगा दुःखयोनय एव ते ।
आद्यन्तवन्तः कौन्तेय न तेषु रमते बुधः ॥ 22
ये हि संस्पर्शजा भोगाः , दुःखयोनय एव ते ।
आद्यन्तवन्तᳵ कौन्तेय , न तेषु रमते बुधः ॥ 5.22

शक्नोतीहैव यः सोढुं प्राक्शरीरविमोक्षणात् ।
कामक्रोधोद्भवं वेगं स युक्तः स सुखी नरः ॥ 23
शक्नोतीहैव यस् सोढुम् , प्राक् शरीरविमोक्षणात् ।
कामक्रोधोद्भवं वेगम् , स युक्तस् स सुखी नरः ॥ 5.23

योऽन्तः सुखोऽन्तरारामस्तथान्तर्ज्योतिरेव यः ।
स योगी ब्रह्मनिर्वाणं ब्रह्मभूतोऽधिगच्छति ॥ 24
योन्तस् सुखोन्तरारामः , तथान्तर्-ज्योतिरेव यः ।
स योगी ब्रह्मनिर्वाणम् , ब्रह्मभूतोधिगच्छति ॥ 5.24

लभन्ते ब्रह्मनिर्वाणमृषयः क्षीणकल्मषाः ।
छिन्नद्वैधा यतात्मानः सर्वभूतहिते रताः ॥ 25
लभन्ते ब्रह्मनिर्वाणम् , ऋषयः क्षीणकल्मषाः ।
छिन्नद्वैधा यतात्मानः , सर्वभूतहिते रताः ॥ 5.25

कामक्रोधवियुक्तानां यतीनां यतचेतसाम् ।
अभितो ब्रह्मनिर्वाणं वर्तते विदितात्मनाम् ॥ 26
कामक्रोधवियुक्तानाम् , यतीनां यतचेतसाम् ।
अभितो ब्रह्मनिर्वाणम् , वर्तते विदितात्मनाम् ॥ 5.26

स्पर्शान्कृत्वा बहिर्बाह्यांश्चक्षुश्चैवान्तरे भ्रुवोः ।
प्राणापानौ समौ कृत्वा नासाभ्यन्तरचारिणौ ॥ 27
स्पर्शान् कृत्वा बहिर् बाह्यान् , चक्षुश् चैवान्तरे भ्रुवोः ।
प्राणापानौ समौ कृत्वा , नासाभ्यन्तरचारिणौ ॥ 5.27

यतेन्द्रियमनोबुद्धिर्मुनिर्मोक्षपरायणः ।
विगतेच्छाभयक्रोधो यः सदा मुक्त एव सः ॥ 28
यतेन्द्रियमनोबुद्धिः , मुनिर् मोक्षपरायणः ।
विगतेच्छाभयक्रोधः , यस् सदा मुक्त एव सः ॥ 5.28

भोक्तारं यज्ञतपसां सर्वलोकमहेश्वरम् ।
सुहृदं सर्वभूतानां ज्ञात्वा मां शान्तिमृच्छति ॥ 29
भोक्तारं यज्ञतपसाम् , सर्वलोकमहेश्वरम् ।
सुहृदं सर्वभूतानाम् , ज्ञात्वा मां शान्तिम् ऋच्छति ॥ 5.29

ॐ तत् सत् ।
इति श्रीमद्भगवद्गीतासु उपनिषत्सु ब्रह्मविद्यायां योगशास्त्रे श्रीकृष्णार्जुनसंवादे कर्म-सन्न्यास-योगो नाम पञ्चमोऽध्यायः ॥ 5th ॥

6 Yoga of Self Control

ॐ श्री परमात्मने नमः । अथ षष्ठोऽध्यायः

Verse as written, with sandhis and conjuncts together

श्री भगवानुवाच

अनाश्रितः कर्मफलं कार्यं कर्म करोति यः ।
स सन्न्यासी च योगी च न निरग्निर्न चाक्रियः ॥ 1

Verse as chanted, pausing at each pada quarter verse

श्री भगवान् उवाच

अनाश्रितः कर्मफलम् , कार्यं कर्म करोति यः ।
स सन्न्यासी च योगी च , न निर्-अग्निर् न चाक्रियः ॥ 6.1

यं सन्न्यासमिति प्राहुर्योगं तं विद्धि पाण्डव ।
न ह्यसन्न्यस्तसङ्कल्पो योगी भवति कश्चन ॥ 2
यं सन्न्यासम् इति प्राहुः , योगं तं विद्धि पाण्डव ।
न ह्यसन्न्यस्तसङ्कल्पः , योगी भवति कश्चन ॥ 6.2

आरुरुक्षोर्मुनेर्योगं कर्म कारणमुच्यते ।
योगारूढस्य तस्यैव शमः कारणमुच्यते ॥ 3
आरुरुक्षोर् मुनेर् योगम् , कर्म कारणम् उच्यते ।
योगारूढस्य तस्यैव , शमः कारणम् उच्यते ॥ 6.3

यदा हि नेन्द्रियार्थेषु न कर्मस्वनुषज्जते ।
सर्वसङ्कल्पसन्न्यासी योगारूढस्तदोच्यते ॥ 4
यदा हि नेन्द्रियार्थेषु , न कर्मस्वनुषज्जते ।
सर्वसङ्कल्पसन्न्यासी , योगारूढस् तदोच्यते ॥ 6.4

उद्धरेदात्मनाऽऽत्मानं नात्मानमवसादयेत् ।
आत्मैव ह्यात्मनो बन्धुरात्मैव रिपुरात्मनः ॥ 5
उद्धरेदात्मनात्मानम् , नात्मानम् अवसादयेत् ।
आत्मैव ह्यात्मनो बन्धुः , आत्मैव रिपुरात्मनः ॥ 6.5

बन्धुरात्माऽऽत्मनस्तस्य येनात्मैवात्मना जितः ।
अनात्मनस्तु शत्रुत्वे वर्तेतात्मैव शत्रुवत् ॥ 6
बन्धुरात्मात्मनस् तस्य , येनात्मैवात्मना जितः ।
अनात्मनस् तु शत्रुत्वे , वर्तेतात्मैव शत्रुवत् ॥ 6.6

जितात्मनः प्रशान्तस्य परमात्मा समाहितः ।
शीतोष्णसुखदुःखेषु तथा मानापमानयोः ॥ 7
जितात्मनᳲ प्रशान्तस्य , परमात्मा समाहितः ।
शीतोष्णसुखदुःखेषु , तथा मानापमानयोः ॥ 6.7

ज्ञानविज्ञानतृप्तात्मा कूटस्थो विजितेन्द्रियः ।
युक्त इत्युच्यते योगी समलोष्टाश्मकाञ्चनः ॥ 8
ज्ञानविज्ञानतृप्तात्मा , कूटस्थो विजितेन्द्रियः ।
युक्त इत्युच्यते योगी , समलोष्टाश्मकाञ्चनः ॥ 6.8

सुहृन्मित्रार्युदासीनमध्यस्थद्वेष्यबन्धुषु ।
साधुष्वपि च पापेषु समबुद्धिर्विशिष्यते ॥ 9
सुहृन्मित्रार्युदासीन--मध्यस्थद्वेष्यबन्धुषु ।
साधुष्वपि च पापेषु , समबुद्धिर् विशिष्यते ॥ 6.9

योगी युञ्जीत सततमात्मानं रहसि स्थितः ।
एकाकी यतचित्तात्मा निराशीरपरिग्रहः ॥ 10
योगी युञ्जीत सततम् , आत्मानं रहसि स्थितः ।
एकाकी यतचित्तात्मा , निराशीरपरिग्रहः ॥ 6.10

शुचौ देशे प्रतिष्ठाप्य स्थिरमासनमात्मनः ।
नात्युच्छ्रितं नातिनीचं चैलाजिनकुशोत्तरम् ॥ 11
शुचौ देशे प्रतिष्ठाप्य , स्थिरम् आसनमात्मनः ।
नात्युच्छ्रितं नातिनीचम् , चैलाजिनकुशोत्तरम् ॥ 6.11

तत्रैकाग्रं मनः कृत्वा यतचित्तेन्द्रियक्रियः ।
उपविश्यासने युञ्ज्याद्योगमात्मविशुद्धये ॥ 12
तत्रैकाग्रं मनः कृत्वा , यतचित्तेन्द्रियक्रियः ।
उपविश्यासने युञ्ज्यात् , योगम् आत्मविशुद्धये ॥ 6.12

समं कायशिरोग्रीवं धारयन्नचलं स्थिरः ।
सम्प्रेक्ष्य नासिकाग्रं स्वं दिशश्चानवलोकयन् ॥ 13
समं कायशिरोग्रीवम् , धारयन्नचलं स्थिरः ।
सम्प्रेक्ष्य नासिकाग्रं स्वम् , दिशश् चानवलोकयन् ॥ 6.13

प्रशान्तात्मा विगतभीर्ब्रह्मचारिव्रते स्थितः ।
मनः संयम्य मच्चित्तो युक्त आसीत मत्परः ॥ 14
प्रशान्तात्मा विगतभीः , ब्रह्मचारिव्रते स्थितः ।
मनस् संयम्य मच्चित्तः , युक्त आसीत मत्परः ॥ 6.14

युञ्जन्नेवं सदाऽऽत्मानं योगी नियतमानसः ।
शान्तिं निर्वाणपरमां मत्संस्थामधिगच्छति ॥ 15
युञ्जन्नेवं सदात्मानम् , योगी नियतमानसः ।
शान्तिं निर्वाणपरमाम् , मत्संस्थाम् अधिगच्छति ॥ 6.15

नात्यश्नतस्तु योगोऽस्ति न चैकान्तमनश्नतः ।
न चाति स्वप्नशीलस्य जाग्रतो नैव चार्जुन ॥ 16
नात्यश्नतस् तु योगोस्ति , न चैकान्तम् अनश्नतः ।
न चाति स्वप्नशीलस्य , जाग्रतो नैव चार्जुन ॥ 6.16

युक्ताहारविहारस्य युक्तचेष्टस्य कर्मसु ।
युक्तस्वप्नावबोधस्य योगो भवति दुःखहा ॥ 17
युक्ताहार-विहारस्य , युक्तचेष्टस्य कर्मसु ।
युक्त-स्वप्नाव-बोधस्य , योगो भवति दुःखहा ॥ 6.17

यदा विनियतं चित्तमात्मन्येवावतिष्ठते ।
निःस्पृहः सर्वकामेभ्यो युक्त इत्युच्यते तदा ॥ 18
यदा विनियतं चित्तम् , आत्मन्येवावतिष्ठते ।
निःस्पृहस् सर्वकामेभ्यः , युक्त इत्युच्यते तदा ॥ 6.18

यथा दीपो निवातस्थो नेङ्गते सोपमा स्मृता ।
योगिनो यतचित्तस्य युञ्जतो योगमात्मनः ॥ 19
यथा दीपो निवातस्थः , नेङ्गते सोपमा स्मृता ।
योगिनो यतचित्तस्य , युञ्जतो योगमात्मनः ॥ 6.19

यत्रोपरमते चित्तं निरुद्धं योगसेवया ।
यत्र चैवात्मनाऽऽत्मानं पश्यन्नात्मनि तुष्यति ॥ 20
यत्रोपरमते चित्तम् , निरुद्धं योगसेवया ।
यत्र चैवात्मनात्मानम् , पश्यन्नात्मनि तुष्यति ॥ 6.20

सुखमात्यन्तिकं यत्तद्बुद्धिग्राह्यमतीन्द्रियम् ।
वेत्ति यत्र न चैवायं स्थितश्चलति तत्त्वतः ॥ 21
सुखमात्यन्तिकं यत् तत् , बुद्धिग्राह्यम् अतीन्द्रियम् ।
वेत्ति यत्र न चैवायम् , स्थितश् चलति तत्त्वतः ॥ 6.21

यं लब्ध्वा चापरं लाभं मन्यते नाधिकं ततः ।
यस्मिन्स्थितो न दुःखेन गुरुणाऽपि विचाल्यते ॥ 22
यं लब्ध्वा चापरं लाभम् , मन्यते नाधिकं ततः ।
यस्मिन् स्थितो न दुःखेन , गुरुणापि विचाल्यते ॥ 6.22

तं विद्याद्दुःखसंयोगवियोगं योगसञ्ज्ञितम् ।
स निश्चयेन योक्तव्यो योगोऽनिर्विण्णचेतसा ॥ 23
तं विद्याद् दुःखसंयोग-वियोगं योगसञ्ज्ञितम् ।
स निश्चयेन योक्तव्यः , योगोनिर्विण्णचेतसा ॥ 6.23

सङ्कल्पप्रभवान्कामांस्त्यक्त्वा सर्वानशेषतः ।
मनसैवेन्द्रियग्रामं विनियम्य समन्ततः ॥ 24
सङ्कल्पप्रभवान् कामान् , त्यक्त्वा सर्वान् अशेषतः ।
मनसैवेन्द्रियग्रामम् , विनियम्य समन्ततः ॥ 6.24

शनैः शनैरुपरमेद्बुद्ध्या धृतिगृहीतया ।
आत्मसंस्थं मनः कृत्वा न किञ्चिदपि चिन्तयेत् ॥ 25
शनैश् शनैरुपरमेत् , बुद्ध्या धृतिगृहीतया ।
आत्मसंस्थं मनः कृत्वा , न किञ्चिद् अपि चिन्तयेत् ॥ 6.25

यतो यतो निश्चरति मनश्चञ्चलमस्थिरम् ।
ततस्ततो नियम्यैतदात्मन्येव वशं नयेत् ॥ 26
यतो यतो निश्चरति , मनश् चञ्चलम् अस्थिरम् ।
ततस् ततो नियम्यैतत् , आत्मन्येव वशं नयेत् ॥ 6.26

प्रशान्तमनसं ह्येनं योगिनं सुखमुत्तमम् ।
उपैति शान्तरजसं ब्रह्मभूतमकल्मषम् ॥ 27
प्रशान्तमनसं ह्येनम् , योगिनं सुखम् उत्तमम् ।
उपैति शान्तरजसम् , ब्रह्मभूतम् अकल्मषम् ॥ 6.27

युञ्जन्नेवं सदाऽऽत्मानं योगी विगतकल्मषः ।
सुखेन ब्रह्मसंस्पर्शमत्यन्तं सुखमश्नुते ॥ 28
युञ्जन्नेवं सदात्मानम् , योगी विगतकल्मषः ।
सुखेन ब्रह्मसंस्पर्शम् , अत्यन्तं सुखम् अश्नुते ॥ 6.28

सर्वभूतस्थमात्मानं सर्वभूतानि चात्मनि ।
ईक्षते योगयुक्तात्मा सर्वत्र समदर्शनः ॥ 29
सर्वभूतस्थमात्मानम् , सर्वभूतानि चात्मनि ।
ईक्षते योगयुक्तात्मा , सर्वत्र समदर्शनः ॥ 6.29

यो मां पश्यति सर्वत्र सर्वं च मयि पश्यति ।
तस्याहं न प्रणश्यामि स च मे न प्रणश्यति ॥ 30
यो मां पश्यति सर्वत्र , सर्वं च मयि पश्यति ।
तस्याहं न प्रणश्यामि , स च मे न प्रणश्यति ॥ 6.30

सर्वभूतस्थितं यो मां भजत्येकत्वमास्थितः ।
सर्वथा वर्तमानोऽपि स योगी मयि वर्तते ॥ 31
सर्वभूतस्थितं यो माम् , भजत्येकत्वमास्थितः ।
सर्वथा वर्तमानोपि , स योगी मयि वर्तते ॥ 6.31

आत्मौपम्येन सर्वत्र समं पश्यति योऽर्जुन ।
सुखं वा यदि वा दुःखं स योगी परमो मतः ॥ 32
आत्मौपम्येन सर्वत्र , समं पश्यति योर्जुन ।
सुखं वा यदि वा दुःखम् , स योगी परमो मतः ॥ 6.32

<u>अर्जुन उवाच</u>
योऽयं योगस्त्वया प्रोक्तः साम्येन मधुसूदन ।
एतस्याहं न पश्यामि चञ्चलत्वात्स्थितिं स्थिराम् ॥ 33
<u>अर्जुन उवाच</u>
योयं योगस्त्वया प्रोक्तः , साम्येन मधुसूदन ।
एतस्याहं न पश्यामि , चञ्चलत्वात् स्थितिं स्थिराम् ॥ 6.33

चञ्चलं हि मनः कृष्ण प्रमाथि बलवद्दृढम् ।
तस्याहं निग्रहं मन्ये वायोरिव सुदुष्करम् ॥ 34
चञ्चलं हि मनः कृष्ण , प्रमाथि बलवद् दृढम् ।
तस्याहं निग्रहं मन्ये , वायोरिव सुदुष्करम् ॥ 6.34

श्री भगवानुवाच
असंशयं महाबाहो मनो दुर्निग्रहं चलम् ।
अभ्यासेन तु कौन्तेय वैराग्येण च गृह्यते ॥ 35
श्री भगवान् उवाच
असंशयं महाबाहो , मनो दुर्निग्रहं चलम् ।
अभ्यासेन तु कौन्तेय , वैराग्येण च गृह्यते ॥ 6.35

असंयतात्मना योगो दुष्प्राप इति मे मतिः ।
वश्यात्मना तु यतता शक्योऽवाप्तुमुपायतः ॥ 36
असंयतात्मना योगः , दुष्प्राप इति मे मतिः ।
वश्यात्मना तु यतता , शक्योवाप्तुम् उपायतः ॥ 6.36

अर्जुन उवाच
अयतिः श्रद्धयोपेतो योगाच्चलितमानसः ।
अप्राप्य योगसंसिद्धिं कां गतिं कृष्ण गच्छति ॥ 37
अर्जुन उवाच
अयतिश् श्रद्धयोपेतः , योगाच् चलितमानसः ।
अप्राप्य योगसंसिद्धिम् , कां गतिं कृष्ण गच्छति ॥ 6.37

कच्चिन्नोभयविभ्रष्टश्छिन्नाभ्रमिव नश्यति ।
अप्रतिष्ठो महाबाहो विमूढो ब्रह्मणः पथि ॥ 38
कच्चिन् नोभयविभ्रष्टः , छिन्नाभ्रमिव नश्यति ।
अप्रतिष्ठो महाबाहो , विमूढो ब्रह्मणः पथि ॥ 6.38

एतन्मे संशयं कृष्ण छेत्तुमर्हस्यशेषतः ।
त्वदन्यः संशयस्यास्य छेत्ता न ह्युपपद्यते ॥ 39
एतन्मे संशयं कृष्ण , छेत्तुम् अर्हस्यशेषतः ।
त्वदन्यस् संशयस्यास्य , छेत्ता न ह्युपपद्यते ॥ 6.39

श्री भगवानुवाच
पार्थ नैवेह नामुत्र विनाशस्तस्य विद्यते ।
न हि कल्याणकृत्कश्चिद्दुर्गतिं तात गच्छति ॥ 40
श्री भगवान् उवाच
पार्थ नैवेह नामुत्र , विनाशस् तस्य विद्यते ।
न हि कल्याणकृत् कश्चित् , दुर्गतिं तात गच्छति ॥ 6.40

प्राप्य पुण्यकृतां लोकानुषित्वा शाश्वतीः समाः ।
शुचीनां श्रीमतां गेहे योगभ्रष्टोऽभिजायते ॥ 41
प्राप्य पुण्यकृतां लोकान् , उषित्वा शाश्वतीस् समाः ।
शुचीनां श्रीमतां गेहे , योगभ्रष्टोभिजायते ॥ 6.41

अथवा योगिनामेव कुले भवति धीमताम् ।
एतद्धि दुर्लभतरं लोके जन्म यदीदृशम् ॥ 42
अथवा योगिनाम् एव , कुले भवति धीमताम् ।
एतद्धि दुर्लभतरम् , लोके जन्म यदीदृशम् ॥ 6.42

तत्र तं बुद्धिसंयोगं लभते पौर्वदेहिकम् ।
यतते च ततो भूयः संसिद्धौ कुरुनन्दन ॥ 43
तत्र तं बुद्धिसंयोगम् , लभते पौर्वदेहिकम् ।
यतते च ततो भूयः , संसिद्धौ कुरुनन्दन ॥ 6.43

पूर्वाभ्यासेन तेनैव ह्रियते ह्यवशोऽपि सः ।
जिज्ञासुरपि योगस्य शब्दब्रह्मातिवर्तते ॥ 44
पूर्वाभ्यासेन तेनैव , ह्रियते ह्यवशोपि सः ।
जिज्ञासुरपि योगस्य , शब्दब्रह्मातिवर्तते ॥ 6.44

प्रयत्नाद्यतमानस्तु योगी संशुद्धकिल्बिषः ।
अनेकजन्मसंसिद्धस्ततो याति परां गतिम् ॥ 45
प्रयत्नाद् यतमानस् तु , योगी संशुद्धकिल्बिषः ।
अनेकजन्मसंसिद्धः , ततो याति परां गतिम् ॥ 6.45

तपस्विभ्योऽधिको योगी ज्ञानिभ्योऽपि मतोऽधिकः ।
कर्मिभ्यश्चाधिको योगी तस्माद्योगी भवार्जुन ॥ 46
तपस्विभ्योधिको योगी , ज्ञानिभ्योपि मतोधिकः ।
कर्मिभ्यश् चाधिको योगी , तस्माद् योगी भवार्जुन ॥ 6.46

योगिनामपि सर्वेषां मद्गतेनान्तरात्मना ।
श्रद्धावान्भजते यो मां स मे युक्ततमो मतः ॥ 47
योगिनाम् अपि सर्वेषाम् , मद्गतेनान्तरात्मना ।
श्रद्धावान् भजते यो माम् , स मे युक्ततमो मतः ॥ 6.47

ॐ तत् सत् ।
इति श्रीमद्भगवद्गीतासु उपनिषत्सु ब्रह्मविद्यायां योगशास्त्रे श्रीकृष्णार्जुनसंवादे आत्म-संयम-योगो नाम षष्ठोऽध्यायः ॥ 6th ॥

7 Yoga of Divine Qualities

ॐ श्री परमात्मने नमः । अथ सप्तमोऽध्यायः

Verse as written, with sandhis and conjuncts together

श्री भगवानुवाच

मय्यासक्तमनाः पार्थ योगं युञ्जन्मदाश्रयः ।

असंशयं समग्रं मां यथा ज्ञास्यसि तच्छृणु ॥ 1

Verse as chanted, pausing at each pada quarter verse

श्री भगवान् उवाच

मय्यासक्तमनाꭗ पार्थ , योगं युञ्जन् मदाश्रयः ।

असंशयं समग्रं माम् , यथा ज्ञास्यसि तच् छृणु ॥ 7.1

ज्ञानं तेऽहं सविज्ञानमिदं वक्ष्याम्यशेषतः ।

यज्ज्ञात्वा नेह भूयोऽन्यज्ज्ञातव्यमवशिष्यते ॥ 2

ज्ञानं तेहं सविज्ञानम् , इदं वक्ष्याम्यशेषतः ।

यज् ज्ञात्वा नेह भूयोन्यत् , ज्ञातव्यम् अवशिष्यते ॥ 7.2

मनुष्याणां सहस्रेषु कश्चिद्यतति सिद्धये ।

यततामपि सिद्धानां कश्चिन्मां वेत्ति तत्त्वतः ॥ 3

मनुष्याणां सहस्रेषु , कश्चिद् यतति सिद्धये ।

यतताम् अपि सिद्धानाम् , कश्चिन् मां वेत्ति तत्त्वतः ॥ 7.3

भूमिरापोऽनलो वायुः खं मनो बुद्धिरेव च ।

अहङ्कार इतीयं मे भिन्ना प्रकृतिरष्टधा ॥ 4

भूमिरापोनलो वायुः , खं मनो बुद्धिरेव च ।

अहङ्कार इतीयं मे , भिन्ना प्रकृतिर् अष्टधा ॥ 7.4

अपरेयमितस्त्वन्यां प्रकृतिं विद्धि मे पराम् ।
जीवभूतां महाबाहो ययेदं धार्यते जगत् ॥ 5
अपरेयमितस्त्वन्याम् , प्रकृतिं विद्धि मे पराम् ।
जीवभूतां महाबाहो , ययेदं धार्यते जगत् ॥ 7.5

एतद्योनीनि भूतानि सर्वाणीत्युपधारय ।
अहं कृत्स्नस्य जगतः प्रभवः प्रलयस्तथा ॥ 6
एतद् योनीनि भूतानि , सर्वाणीत्युपधारय ।
अहं कृत्स्नस्य जगतः , प्रभवᳶ प्रलयस् तथा ॥ 7.6

मत्तः परतरं नान्यत्किञ्चिदस्ति धनञ्जय ।
मयि सर्वमिदं प्रोतं सूत्रे मणिगणा इव ॥ 7
मत्तᳶ परतरं नान्यत् , किञ्चिद् अस्ति धनञ्जय ।
मयि सर्वम् इदं प्रोतम् , सूत्रे मणिगणा इव ॥ 7.7

रसोऽहमप्सु कौन्तेय प्रभास्मि शशिसूर्ययोः ।
प्रणवः सर्ववेदेषु शब्दः खे पौरुषं नृषु ॥ 8
रसोहमप्सु कौन्तेय , प्रभास्मि शशिसूर्ययोः ।
प्रणवस् सर्ववेदेषु , शब्दᳵ खे पौरुषं नृषु ॥ 7.8

पुण्यो गन्धः पृथिव्यां च तेजश्चास्मि विभावसौ ।
जीवनं सर्वभूतेषु तपश्चास्मि तपस्विषु ॥ 9
पुण्यो गन्धᳶ पृथिव्यां च , तेजश् चास्मि विभावसौ ।
जीवनं सर्वभूतेषु , तपश् चास्मि तपस्विषु ॥ 7.9

बीजं मां सर्वभूतानां विद्धि पार्थ सनातनम् ।
बुद्धिर्बुद्धिमतामस्मि तेजस्तेजस्विनामहम् ॥ 10
बीजं मां सर्वभूतानाम् , विद्धि पार्थ सनातनम् ।
बुद्धिर् बुद्धिमताम् अस्मि , तेजस् तेजस्विनाम् अहम् ॥ 7.10

बलं बलवतां चाहं कामरागविवर्जितम् ।
धर्माविरुद्धो भूतेषु कामोऽस्मि भरतर्षभ ॥ 11
बलं बलवतां चाहम् , कामरागविवर्जितम् ।
धर्माविरुद्धो भूतेषु , कामोऽस्मि भरतर्षभ ॥ 7.11

ये चैव सात्त्विका भावा राजसास्तामसाश्च ये ।
मत्त एवेति तान्विद्धि न त्वहं तेषु ते मयि ॥ 12
ये चैव सात्त्विका भावाः , राजसास् तामसाश् च ये ।
मत्त एवेति तान् विद्धि , न त्वहं तेषु ते मयि ॥ 7.12

त्रिभिर्गुणमयैर्भावैरेभिः सर्वमिदं जगत् ।
मोहितं नाभिजानाति मामेभ्यः परमव्ययम् ॥ 13
त्रिभिर् गुणमयैर् भावैः , एभिस् सर्वम् इदं जगत् ।
मोहितं नाभिजानाति , मामेभ्यः परम् अव्ययम् ॥ 7.13

दैवी ह्येषा गुणमयी मम माया दुरत्यया ।
मामेव ये प्रपद्यन्ते मायामेतां तरन्ति ते ॥ 14
दैवी ह्येषा गुणमयी , मम माया दुरत्यया ।
मामेव ये प्रपद्यन्ते , मायामेतां तरन्ति ते ॥ 7.14

न मां दुष्कृतिनो मूढाः प्रपद्यन्ते नराधमाः ।
माययापहृतज्ञाना आसुरं भावमाश्रिताः ॥ 15
न मां दुष्कृतिनो मूढाः , प्रपद्यन्ते नराधमाः ।
माययापहृतज्ञानाः , आसुरं भावमाश्रिताः ॥ 7.15

चतुर्विधा भजन्ते मां जनाः सुकृतिनोऽर्जुन ।
आर्तो जिज्ञासुरर्थार्थी ज्ञानी च भरतर्षभ ॥ 16
चतुर्विधा भजन्ते माम् , जनास् सुकृतिनोऽर्जुन ।
आर्तो जिज्ञासुर् अर्थार्थी , ज्ञानी च भरतर्षभ ॥ 7.16

तेषां ज्ञानी नित्ययुक्त एकभक्तिर्विशिष्यते ।
प्रियो हि ज्ञानिनोऽत्यर्थमहं स च मम प्रियः ॥ 17
तेषां ज्ञानी नित्ययुक्तः , एकभक्तिर् विशिष्यते ।
प्रियो हि ज्ञानिनोत्यर्थम् , अहं स च मम प्रियः ॥ 7.17

उदाराः सर्व एवैते ज्ञानी त्वात्मैव मे मतम् ।
आस्थितः स हि युक्तात्मा मामेवानुत्तमां गतिम् ॥ 18
उदारास् सर्व एवैते , ज्ञानी त्वात्मैव मे मतम् ।
आस्थितस् स हि युक्तात्मा , मामेवानुत्तमां गतिम् ॥ 7.18

बहूनां जन्मनामन्ते ज्ञानवान्मां प्रपद्यते ।
वासुदेवः सर्वमिति स महात्मा सुदुर्लभः ॥ 19
बहूनां जन्मनाम् अन्ते , ज्ञानवान् मां प्रपद्यते ।
वासुदेवस् सर्वम् इति , स महात्मा सुदुर्लभः ॥ 7.19

कामैस्तैस्तैर्हृतज्ञानाः प्रपद्यन्तेऽन्यदेवताः ।
तं तं नियममास्थाय प्रकृत्या नियताः स्वया ॥ 20
कामैस् तैस् तैर् हृतज्ञानाः , प्रपद्यन्तेऽन्यदेवताः ।
तं तं नियममास्थाय , प्रकृत्या नियतास् स्वया ॥ 7.20

यो यो यां यां तनुं भक्तः श्रद्धयार्चितुमिच्छति ।
तस्य तस्याचलां श्रद्धां तामेव विदधाम्यहम् ॥ 21
यो यो यां यां तनुं भक्तः , श्रद्धयार्चितुम् इच्छति ।
तस्य तस्याचलां श्रद्धाम् , ताम् एव विदधाम्यहम् ॥ 7.21

स तया श्रद्धया युक्तस्तस्याराधनमीहते ।
लभते च ततः कामान्मयैव विहितान् हि तान् ॥ 22
स तया श्रद्धया युक्तः , तस्याराधनमीहते ।
लभते च ततᳲ कामान् , मयैव विहितान् हि तान् ॥ 7.22

अन्तवत्तु फलं तेषां तद्भवत्यल्पमेधसाम् ।
देवान्देवयजो यान्ति मद्भक्ता यान्ति मामपि ॥ 23
अन्तवत् तु फलं तेषाम् , तद्-भवत्यल्प-मेधसाम् ।
देवान् देवयजो यान्ति , मद्भक्ता यान्ति माम् अपि ॥ 7.23

अव्यक्तं व्यक्तिमापन्नं मन्यन्ते मामबुद्धयः ।
परं भावमजानन्तो ममाव्ययमनुत्तमम् ॥ 24
अव्यक्तं व्यक्तिमापन्नम् , मन्यन्ते माम् अबुद्धयः ।
परं भावम् अजानन्तः , ममाव्ययम् अनुत्तमम् ॥ 7.24

नाहं प्रकाशः सर्वस्य योगमायासमावृतः ।
मूढोऽयं नाभिजानाति लोको मामजमव्ययम् ॥ 25
नाहं प्रकाशस् सर्वस्य , योगमायासमावृतः ।
मूढोयं नाभिजानाति , लोको माम् अजम् अव्ययम् ॥ 7.25

वेदाहं समतीतानि वर्तमानानि चार्जुन ।
भविष्याणि च भूतानि मां तु वेद न कश्चन ॥ 26
वेदाहं समतीतानि , वर्तमानानि चार्जुन ।
भविष्याणि च भूतानि , मां तु वेद न कश्चन ॥ 7.26

इच्छाद्वेषसमुत्थेन द्वन्द्वमोहेन भारत ।
सर्वभूतानि सम्मोहं सर्गे यान्ति परन्तप ॥ 27
इच्छाद्वेषसमुत्थेन , द्वन्द्वमोहेन भारत ।
सर्वभूतानि सम्मोहम् , सर्गे यान्ति परन्तप ॥ 7.27

येषां त्वन्तगतं पापं जनानां पुण्यकर्मणाम् ।
ते द्वन्द्वमोहनिर्मुक्ता भजन्ते मां दृढव्रताः ॥ 28
येषां त्वन्तगतं पापम् , जनानां पुण्यकर्मणाम् ।
ते द्वन्द्वमोहनिर्मुक्ताः , भजन्ते मां दृढव्रताः ॥ 7.28

जरामरणमोक्षाय मामाश्रित्य यतन्ति ये ।
ते ब्रह्म तद्विदुः कृत्स्नमध्यात्मं कर्म चाखिलम् ॥ 29
जरामरणमोक्षाय , माम् आश्रित्य यतन्ति ये ।
ते ब्रह्म तद् विदुः कृत्स्नम् , अध्यात्मं कर्म चाखिलम् ॥ 7.29

साधिभूताधिदैवं मां साधियज्ञं च ये विदुः ।
प्रयाणकालेऽपि च मां ते विदुर्युक्तचेतसः ॥ 30
साधिभूताधिदैवं माम् , साधियज्ञं च ये विदुः ।
प्रयाणकालेऽपि च माम् , ते विदुर् युक्तचेतसः ॥ 7.30

ॐ तत् सत् ।
इति श्रीमद्भगवद्गीतासु उपनिषत्सु ब्रह्मविद्यायां योगशास्त्रे श्रीकृष्णार्जुनसंवादे ज्ञान-विज्ञान-योगो नाम सप्तमोऽध्यायः ॥ 7th ॥

8 Yoga of Demystifying Death

ॐ श्री परमात्मने नमः । अथ अष्टमोऽध्यायः

Verse as written, with sandhis and conjuncts together

अर्जुन उवाच

किं तद्ब्रह्म किमध्यात्मं किं कर्म पुरुषोत्तम ।
अधिभूतं च किं प्रोक्तमधिदैवं किमुच्यते ॥ 1

Verse as chanted, pausing at each pada quarter verse

अर्जुन उवाच

किं तद् ब्रह्म किम् अध्यात्मम् , किङ् कर्म पुरुषोत्तम ।
अधिभूतञ् च किं प्रोक्तम् , अधिदैवं किम् उच्यते ॥ 8.1

अधियज्ञः कथं कोऽत्र देहेऽस्मिन्मधुसूदन ।
प्रयाणकाले च कथं ज्ञेयोऽसि नियतात्मभिः ॥ 2
अधियज्ञᳵ कथं कोत्र , देहेस्मिन् मधुसूदन ।
प्रयाणकाले च कथम् , ज्ञेयोसि नियतात्मभिः ॥ 8.2

श्री भगवानुवाच

अक्षरं ब्रह्म परमं स्वभावोऽध्यात्ममुच्यते ।
भूतभावोद्भवकरो विसर्गः कर्मसञ्ज्ञितः ॥ 3

श्री भगवान् उवाच

अक्षरं ब्रह्म परमम् , स्वभावोऽध्यात्मम् उच्यते ।
भूतभावोद्-भवकरः , विसर्गᳵ कर्मसञ्ज्ञितः ॥ 8.3

अधिभूतं क्षरो भावः पुरुषश्चाधिदैवतम् ।
अधियज्ञोऽहमेवात्र देहे देहभृतां वर ॥ 4
अधिभूतं क्षरो भावः , पुरुषश् चाधिदैवतम् ।
अधियज्ञोहमेवात्र , देहे देहभृतां वर ॥ 8.4

अन्तकाले च मामेव स्मरन्मुक्त्वा कलेवरम् ।
यः प्रयाति स मद्भावं याति नास्त्यत्र संशयः ॥ 5
अन्तकाले च माम् एव , स्मरन् मुक्त्वा कलेवरम् ।
यᳶ प्रयाति स मद्भावम् , याति नास्त्यत्र संशयः ॥ 8.5

यं यं वापि स्मरन्भावं त्यजत्यन्ते कलेवरम् ।
तं तमेवैति कौन्तेय सदा तद्भावभावितः ॥ 6
यं यं वापि स्मरन् भावम् , त्यजत्यन्ते कलेवरम् ।
तं तमेवैति कौन्तेय , सदा तद्-भावभावितः ॥ 8.6

तस्मात्सर्वेषु कालेषु मामनुस्मर युध्य च ।
मय्यर्पितमनोबुद्धिर्मामेवैष्यस्यसंशयम् ॥ 7
तस्मात् सर्वेषु कालेषु , माम् अनुस्मर युध्य च ।
मय्यर्-पित-मनोबुद्धिः , मामेवैष्यस्य-संशयम् ॥ 8.7

अभ्यासयोगयुक्तेन चेतसा नान्यगामिना ।
परमं पुरुषं दिव्यं याति पार्थानुचिन्तयन् ॥ 8
अभ्यासयोगयुक्तेन , चेतसा नान्यगामिना ।
परमं पुरुषं दिव्यम् , याति पार्थानुचिन्तयन् ॥ 8.8

कविं पुराणमनुशासितारम्
अणोरणीयांसमनुस्मरेद्यः ।
सर्वस्य धातारमचिन्त्यरूपम्
आदित्यवर्णं तमसः परस्तात् ॥ 9
कविं पुराणम् अनुशासितारम् ,
अणोरणीयांसम् अनुस्मरेद् यः ।
सर्वस्य धातारम् अचिन्त्यरूपम् ,
आदित्यवर्णं तमसᳶ परस्तात् ॥ 8.9 Trishtup

प्रयाणकाले मनसाऽचलेन
भक्त्या युक्तो योगबलेन चैव ।
भ्रुवोर्मध्ये प्राणमावेश्य सम्यक्
स तं परं पुरुषमुपैति दिव्यम् ॥ 10
प्रयाणकाले मनसाचलेन ,
भक्त्या युक्तो योगबलेन चैव ।
भ्रुवोर् मध्ये प्राणम् आवेश्य सम्यक् ,
स तं परं पुरुषम् उपैति दिव्यम् ॥ 8.10 Trishtup

यद् अक्षरं वेदविदो वदन्ति
विशन्ति यद्यतयो वीतरागाः ।
यदिच्छन्तो ब्रह्मचर्यं चरन्ति
तत्ते पदं सङ्ग्रहेण प्रवक्ष्ये ॥ 11
यद् अक्षरं वेदविदो वदन्ति ,
विशन्ति यद् यतयो वीतरागाः ।
यदिच्छन्तो ब्रह्मचर्यं चरन्ति ,
तत्ते पदं सङ्ग्रहेण प्रवक्ष्ये ॥ 8.11 Trishtup

सर्वद्वाराणि संयम्य मनो हृदि निरुध्य च ।
मूध्न्यार्धायात्मनः प्राणमास्थितो योगधारणाम् ॥ 12
सर्वद्वाराणि संयम्य , मनो हृदि निरुध्य च ।
मूध्न्यार्धायात्मनः प्राणम् , आस्थितो योगधारणाम् ॥ 8.12

ओमित्येकाक्षरं ब्रह्म व्याहरन्मामनुस्मरन् ।
यः प्रयाति त्यजन्देहं स याति परमां गतिम् ॥ 13
ॐ इत्येकाक्षरं ब्रह्म , व्याहरन् माम् अनुस्मरन् ।
यः प्रयाति त्यजन् देहम् , स याति परमां गतिम् ॥ 8.13

अनन्यचेताः सततं यो मां स्मरति नित्यशः ।
तस्याहं सुलभः पार्थ नित्ययुक्तस्य योगिनः ॥ 14
अनन्यचेतास् सततम् , यो मां स्मरति नित्यशः ।
तस्याहं सुलभ꞉ पार्थ , नित्ययुक्तस्य योगिनः ॥ 8.14

मामुपेत्य पुनर्जन्म दुःखालयमशाश्वतम् ।
नाप्नुवन्ति महात्मानः संसिद्धिं परमां गताः ॥ 15
माम् उपेत्य पुनर्जन्म , दुःखालयम् अशाश्वतम् ।
नाप्नुवन्ति महात्मानः , संसिद्धिं परमां गताः ॥ 8.15

आब्रह्मभुवनाल्लोकाः पुनरावर्तिनोऽर्जुन ।
मामुपेत्य तु कौन्तेय पुनर्जन्म न विद्यते ॥ 16
आब्रह्मभुवनाल्लोकाः , पुनरावर्तिनोर्जुन ।
माम् उपेत्य तु कौन्तेय , पुनर्जन्म न विद्यते ॥ 8.16

सहस्रयुगपर्यन्तमहर्यद्ब्रह्मणो विदुः ।
रात्रिं युगसहस्रान्तां तेऽहोरात्रविदो जनाः ॥ 17
सहस्रयुगपर्यन्तम् , अहर्यद्ब्रह्मणो विदुः ।
रात्रिं युगसहस्रान्ताम् , तेहोरात्रविदो जनाः ॥ 8.17

अव्यक्ताद्व्यक्तयः सर्वाः प्रभवन्त्यहरागमे ।
रात्र्यागमे प्रलीयन्ते तत्रैवाव्यक्तसञ्ज्ञके ॥ 18
अव्यक्ताद् व्यक्तयस् सर्वाः , प्रभवन्त्य-हरागमे ।
रात्र्यागमे प्रलीयन्ते , तत्रैवाव्यक्त-सञ्ज्ञके ॥ 8.18

भूतग्रामः स एवायं भूत्वा भूत्वा प्रलीयते ।
रात्र्यागमेऽवशः पार्थ प्रभवत्यहरागमे ॥ 19
भूतग्रामस् स एवायम् , भूत्वा भूत्वा प्रलीयते ।
रात्र्यागमेवश꞉ पार्थ , प्रभवत्यहरागमे ॥ 8.19

परस्तस्मात्तु भावोऽन्योऽव्यक्तोऽव्यक्तात्सनातनः ।
यः स सर्वेषु भूतेषु नश्यत्सु न विनश्यति ॥ 20
परस् तस्मात् तु भावोन्यः , अव्यक्तोव्यक्तात् सनातनः ।
यस् स सर्वेषु भूतेषु , नश्यत्सु न विनश्यति ॥ 8.20

अव्यक्तोऽक्षर इत्युक्तस्तमाहुः परमां गतिम् ।
यं प्राप्य न निवर्तन्ते तद्धाम परमं मम ॥ 21
अव्यक्तोक्षर इत्युक्तः , तमाहुᳲ परमां गतिम् ।
यं प्राप्य न निवर्तन्ते , तद्धाम परमं मम ॥ 8.21

पुरुषः स परः पार्थ भक्त्या लभ्यस्त्वनन्यया ।
यस्यान्तःस्थानि भूतानि येन सर्वमिदं ततम् ॥ 22
पुरुषस् स परᳲ पार्थ , भक्त्या लभ्यस् त्वनन्यया ।
यस्यान्तःस्थानि भूतानि , येन सर्वम् इदं ततम् ॥ 8.22

यत्र काले त्वनावृत्तिमावृत्तिं चैव योगिनः ।
प्रयाता यान्ति तं कालं वक्ष्यामि भरतर्षभ ॥ 23
यत्र काले त्वनावृत्तिम् , आवृत्तिं चैव योगिनः ।
प्रयाता यान्ति तं कालम् , वक्ष्यामि भरतर्षभ ॥ 8.23

अग्निर्ज्योतिरहः शुक्लः षण्मासा उत्तरायणम् ।
तत्र प्रयाता गच्छन्ति ब्रह्म ब्रह्मविदो जनाः ॥ 24
अग्निर् ज्योतिरहः शुक्लः , षण्मासा उत्तरायणम् ।
तत्र प्रयाता गच्छन्ति , ब्रह्म ब्रह्मविदो जनाः ॥ 8.24

धूमो रात्रिस्तथा कृष्णः षण्मासा दक्षिणायनम् ।
तत्र चान्द्रमसं ज्योतिर्योगी प्राप्य निवर्तते ॥ 25
धूमो रात्रिस् तथा कृष्णः , षण्मासा दक्षिणायनम् ।
तत्र चान्द्रमसं ज्योतिः , योगी प्राप्य निवर्तते ॥ 8.25

शुक्लकृष्णे गती ह्येते जगतः शाश्वते मते ।
एकया यात्यनावृत्तिमन्ययाऽऽवर्तते पुनः ॥ 26
शुक्लकृष्णे गती ह्येते , जगतश् शाश्वते मते ।
एकया यात्यनावृत्तिम् , अन्ययावर्तते पुनः ॥ 8.26

नैते सृती पार्थ जानन्योगी मुह्यति कश्चन ।
तस्मात्सर्वेषु कालेषु योगयुक्तो भवार्जुन ॥ 27
नैते सृती पार्थ जानन् , योगी मुह्यति कश्चन ।
तस्मात् सर्वेषु कालेषु , योगयुक्तो भवार्जुन ॥ 8.27

वेदेषु यज्ञेषु तपःसु चैव
दानेषु यत् पुण्यफलं प्रदिष्टम् ।
अत्येति तत्सर्वमिदं विदित्वा
योगी परं स्थानमुपैति चाद्यम् ॥ 28
वेदेषु यज्ञेषु तपःसु चैव ,
दानेषु यत् पुण्यफलं प्रदिष्टम् ।
अत्येति तत् सर्वम् इदं विदित्वा ,
योगी परं स्थानम् उपैति चाद्यम् ॥ 8.28 Trishtup

ॐ तत् सत् ।
इति श्रीमद्भगवद्गीतासु उपनिषत्सु ब्रह्मविद्यायां योगशास्त्रे श्रीकृष्णार्जुनसंवादे अक्षर-ब्रह्म-योगो नाम अष्टमोऽध्यायः ॥ 8th ॥

9 Yoga of Royal Secrets

ॐ श्री परमात्मने नमः । अथ नवमोऽध्यायः

Verse as written, with sandhis and conjuncts together

श्री भगवानुवाच

इदं तु ते गुह्यतमं प्रवक्ष्याम्यनसूयवे ।
ज्ञानं विज्ञानसहितं यज्ज्ञात्वा मोक्ष्यसेऽशुभात् ॥ 1

Verse as chanted, pausing at each pada quarter verse

श्री भगवान् उवाच

इदं तु ते गुह्यतमम् , प्रवक्ष्याम्यनसूयवे ।
ज्ञानं विज्ञानसहितम् , यज् ज्ञात्वा मोक्ष्यसेशुभात् ॥ 9.1

राजविद्या राजगुह्यं पवित्रमिदमुत्तमम् ।
प्रत्यक्षावगमं धर्म्यं सुसुखं कर्तुमव्ययम् ॥ 2
राजविद्या राजगुह्यम् , पवित्रम् इदम् उत्तमम् ।
प्रत्यक्षावगमं धर्म्यम् , सुसुखं कर्तुम् अव्ययम् ॥ 9.2

अश्रद्दधानाः पुरुषा धर्मस्यास्य परन्तप ।
अप्राप्य मां निवर्तन्ते मृत्युसंसारवर्त्मनि ॥ 3
अश्रद्दधानाᳲ पुरुषाः , धर्मस्यास्य परन्तप ।
अप्राप्य मां निवर्तन्ते , मृत्युसंसारवर्त्मनि ॥ 9.3

मया ततमिदं सर्वं जगदव्यक्तमूर्तिना ।
मत्स्थानि सर्वभूतानि न चाहं तेष्ववस्थितः ॥ 4
मया ततम् इदं सर्वम् , जगद् अव्यक्तमूर्तिना ।
मत्स्थानि सर्वभूतानि , न चाहं तेष्ववस्थितः ॥ 9.4

न च मत्स्थानि भूतानि पश्य मे योगमैश्वरम् ।
भूतभृन्न च भूतस्थो ममात्मा भूतभावनः ॥ 5
न च मत्स्थानि भूतानि , पश्य मे योगमैश्वरम् ।
भूतभृन्न च भूतस्थः , ममात्मा भूतभावनः ॥ 9.5

यथाऽऽकाशस्थितो नित्यं वायुः सर्वत्रगो महान् ।
तथा सर्वाणि भूतानि मत्स्थानीत्युपधारय ॥ 6
यथा आकाशस्थितो नित्यम् , वायुस् सर्वत्रगो महान् ।
तथा सर्वाणि भूतानि , मत्-स्थानीत्-युपधारय ॥ 9.6

सर्वभूतानि कौन्तेय प्रकृतिं यान्ति मामिकाम् ।
कल्पक्षये पुनस्तानि कल्पादौ विसृजाम्यहम् ॥ 7
सर्वभूतानि कौन्तेय , प्रकृतिं यान्ति मामिकाम् ।
कल्पक्षये पुनस् तानि , कल्पादौ विसृजाम्यहम् ॥ 9.7

प्रकृतिं स्वामवष्टभ्य विसृजामि पुनः पुनः ।
भूतग्राममिमं कृत्स्नमवशं प्रकृतेर्वशात् ॥ 8
प्रकृतिं स्वाम् अवष्टभ्य , विसृजामि पुनᳵ पुनः ।
भूतग्रामम् इमं कृत्स्नम् , अवशं प्रकृतेर्वशात् ॥ 9.8

न च मां तानि कर्माणि निबध्नन्ति धनञ्जय ।
उदासीनवदासीनमसक्तं तेषु कर्मसु ॥ 9
न च मां तानि कर्माणि , निबध्नन्ति धनञ्जय ।
उदासीनवदासीनम् , असक्तं तेषु कर्मसु ॥ 9.9

मयाऽध्यक्षेण प्रकृतिः सूयते सचराचरम् ।
हेतुनाऽनेन कौन्तेय जगद्विपरिवर्तते ॥ 10
मयाध्यक्षेण प्रकृतिः , सूयते सचराचरम् ।
हेतुनानेन कौन्तेय , जगद् विपरिवर्तते ॥ 9.10

अवजानन्ति मां मूढा मानुषीं तनुमाश्रितम् ।
परं भावमजानन्तो मम भूतमहेश्वरम् ॥ 11
अवजानन्ति मां मूढाः , मानुषीं तनुम् आश्रितम् ।
परं भावम् अजानन्तः , मम भूतमहेश्वरम् ॥ 9.11

मोघाशा मोघकर्माणो मोघज्ञाना विचेतसः ।
राक्षसीमासुरीं चैव प्रकृतिं मोहिनीं श्रिताः ॥ 12
मोघाशा मोघकर्माणः , मोघज्ञाना विचेतसः ।
राक्षसीम् आसुरीं चैव , प्रकृतिं मोहिनीं श्रिताः ॥ 9.12

महात्मानस्तु मां पार्थ दैवीं प्रकृतिमाश्रिताः ।
भजन्त्यनन्यमनसो ज्ञात्वा भूतादिमव्ययम् ॥ 13
महात्मानस् तु मां पार्थ , दैवीं प्रकृतिम् आश्रिताः ।
भजन्त्यनन्य-मनसः , ज्ञात्वा भूतादिम् अव्ययम् ॥ 9.13

सततं कीर्तयन्तो मां यतन्तश्च दृढव्रताः ।
नमस्यन्तश्च मां भक्त्या नित्ययुक्ता उपासते ॥ 14
सततं कीर्तयन्तो माम् , यतन्तश्च दृढव्रताः ।
नमस्यन्तश्च मां भक्त्या , नित्ययुक्ता उपासते ॥ 9.14

ज्ञानयज्ञेन चाप्यन्ये यजन्तो मामुपासते ।
एकत्वेन पृथक्त्वेन बहुधा विश्वतोमुखम् ॥ 15
ज्ञानयज्ञेन चाप्यन्ये , यजन्तो माम् उपासते ।
एकत्वेन पृथक्त्वेन , बहुधा विश्वतोमुखम् ॥ 9.15

अहं क्रतुरहं यज्ञः स्वधाऽहमहमौषधम् ।
मन्त्रोऽहमहमेवाज्यमहमग्निरहं हुतम् ॥ 16
अहं क्रतुरहं यज्ञः , स्वधाहमहमौषधम् ।
मन्त्रोहमहमेवाज्यम् , अहम् अग्निर् अहं हुतम् ॥ 9.16

पिताऽहमस्य जगतो माता धाता पितामहः ।
वेद्यं पवित्रमोङ्कार ऋक्साम यजुरेव च ॥ 17
पिताहमस्य जगतः , माता धाता पितामहः ।
वेद्यं पवित्रम् ओङ्कारः , ऋक् साम यजुर् एव च ॥ 9.17

गतिर्भर्ता प्रभुः साक्षी निवासः शरणं सुहृत् ।
प्रभवः प्रलयः स्थानं निधानं बीजमव्ययम् ॥ 18
गतिर् भर्ता प्रभुस् साक्षी , निवासश् शरणं सुहृत् ।
प्रभवᳶ प्रलयस् स्थानम् , निधानं बीजम् अव्ययम् ॥ 9.18

तपाम्यहमहं वर्षं निगृह्णाम्युत्सृजामि च ।
अमृतं चैव मृत्युश्च सदसच्चाहमर्जुन ॥ 19
तपाम्यहमहं वर्षम् , निगृह्णाम्-युत्-सृजामि च ।
अमृतं चैव मृत्युश्च , सद् असच्चाहम् अर्जुन ॥ 9.19

त्रैविद्या मां सोमपाः पूतपापा
यज्ञैरिष्ट्वा स्वर्गतिं प्रार्थयन्ते ।
ते पुण्यमासाद्य सुरेन्द्रलोकम्
अश्नन्ति दिव्यान्दिवि देवभोगान् ॥ 20
त्रैविद्या मां सोमपाᳶ पूतपापाः ,
यज्ञैरिष्ट्वा स्वर्गतिं प्रार्थयन्ते ।
ते पुण्यमासाद्य सुरेन्द्रलोकम् ,
अश्नन्ति दिव्यान् दिवि देवभोगान् ॥ 9.20 Trishtup

ते तं भुक्त्वा स्वर्गलोकं विशालं
क्षीणे पुण्ये मर्त्यलोकं विशन्ति ।
एवं त्रयीधर्मम् अनुप्रपन्ना
गतागतं कामकामा लभन्ते ॥ 21
ते तं भुक्त्वा स्वर्गलोकं विशालम् ,
क्षीणे पुण्ये मर्त्यलोकं विशन्ति ।
एवं त्रयीधर्मम् अनुप्रपन्नाः ,
गतागतं कामकामा लभन्ते ॥ 9.21 Trishtup

अनन्याश्चिन्तयन्तो मां ये जनाः पर्युपासते ।
तेषां नित्याभियुक्तानां योगक्षेमं वहाम्यहम् ॥ 22
अनन्याश् चिन्तयन्तो माम् , ये जनाः पर्युपासते ।
तेषां नित्याभियुक्तानाम् , योगक्षेमं वहाम्यहम् ॥ 9.22

येऽप्यन्यदेवता भक्ता यजन्ते श्रद्धयान्विताः ।
तेऽपि मामेव कौन्तेय यजन्त्यविधिपूर्वकम् ॥ 23
येऽप्यन्यदेवता भक्ताः , यजन्ते श्रद्धयान्विताः ।
तेऽपि मामेव कौन्तेय , यजन्त्य-विधिपूर्वकम् ॥ 9.23

अहं हि सर्वयज्ञानां भोक्ता च प्रभुरेव च ।
न तु मामभिजानन्ति तत्त्वेनातश्च्यवन्ति ते ॥ 24
अहं हि सर्वयज्ञानाम् , भोक्ता च प्रभुरेव च ।
न तु माम् अभिजानन्ति , तत्-त्वेनातश् च्यवन्ति ते ॥ 9.24

यान्ति देवव्रता देवान्पितॄन्यान्ति पितृव्रताः ।
भूतानि यान्ति भूतेज्या यान्ति मद्याजिनोऽपि माम् ॥ 25
यान्ति देवव्रता देवान् , पितॄन्यान्ति पितृव्रताः ।
भूतानि यान्ति भूतेज्याः , यान्ति मद्याजिनोऽपि माम् ॥ 9.25

पत्रं पुष्पं फलं तोयं यो मे भक्त्या प्रयच्छति ।
तदहं भक्त्युपहृतमश्नामि प्रयतात्मनः ॥ 26
पत्रं पुष्पं फलं तोयम् , यो मे भक्त्या प्रयच्छति ।
तद् अहं भक्त्युपहृतम् , अश्नामि प्रयतात्मनः ॥ 9.26

यत्करोषि यदश्नासि यज्जुहोषि ददासि यत् ।
यत्तपस्यसि कौन्तेय तत्कुरुष्व मदर्पणम् ॥ 27
यत् करोषि यद् अश्नासि , यज् जुहोषि ददासि यत् ।
यत् तपस्यसि कौन्तेय , तत् कुरुष्व मदर्पणम् ॥ 9.27

शुभाशुभफलैरेवं मोक्ष्यसे कर्मबन्धनैः ।
सन्न्यासयोगयुक्तात्मा विमुक्तो मामुपैष्यसि ॥ 28
शुभाशुभफलैरेवम् , मोक्ष्यसे कर्मबन्धनैः ।
सन्न्यासयोगयुक्तात्मा , विमुक्तो माम् उपैष्यसि ॥ 9.28

समोऽहं सर्वभूतेषु न मे द्वेष्योऽस्ति न प्रियः ।
ये भजन्ति तु मां भक्त्या मयि ते तेषु चाप्यहम् ॥ 29
समोहं सर्वभूतेषु , न मे द्वेष्योस्ति न प्रियः ।
ये भजन्ति तु मां भक्त्या , मयि ते तेषु चाप्यहम् ॥ 9.29

अपि चेत्सुदुराचारो भजते मामनन्यभाक् ।
साधुरेव स मन्तव्यः सम्यग्व्यवसितो हि सः ॥ 30
अपि चेत् सुदुराचारः , भजते माम् अनन्यभाक् ।
साधुरेव स मन्तव्यः , सम्यग्-व्यवसितो हि सः ॥ 9.30

क्षिप्रं भवति धर्मात्मा शश्वच्छान्तिं निगच्छति ।
कौन्तेय प्रतिजानीहि न मे भक्तः प्रणश्यति ॥ 31
क्षिप्रं भवति धर्मात्मा , शश्वच् छान्तिं निगच्छति ।
कौन्तेय प्रतिजानीहि , न मे भक्तᳵ प्रणश्यति ॥ 9.31

मां हि पार्थ व्यपाश्रित्य येऽपि स्युः पापयोनयः ।
स्त्रियो वैश्यास्तथा शूद्रास्तेऽपि यान्ति परां गतिम् ॥ 32
मां हि पार्थ व्यपाश्रित्य , येपि स्यु॒ पापयोनयः ।
स्त्रियो वैश्यास् तथा शूद्राः , तेपि यान्ति परां गतिम् ॥ 9.32

किं पुनर्ब्राह्मणाः पुण्या भक्ता राजर्षयस्तथा ।
अनित्यमसुखं लोकमिमं प्राप्य भजस्व माम् ॥ 33
किं पुनर् ब्राह्मणा॒ पुण्याः , भक्ता राजर्षयस् तथा ।
अनित्यम् असुखं लोकम् , इमं प्राप्य भजस्व माम् ॥ 9.33

मन्मना भव मद्भक्तो मद्याजी मां नमस्कुरु ।
मामेवैष्यसि युक्त्वैवमात्मानं मत्परायणः ॥ 34
मन्मना भव मद्भक्तः , मद्याजी मां नमस्कुरु ।
मामेवैष्यसि युक्त्वैवम् , आत्मानं मत्परायणः ॥ 9.34

ॐ तत् सत् ।
इति श्रीमद्भगवद्गीतासु उपनिषत्सु ब्रह्मविद्यायां योगशास्त्रे श्रीकृष्णार्जुनसंवादे
राजविद्या-राजगुह्य-योगो नाम नवमोऽध्यायः ॥ 9th ॥

10 Yoga of Divine Manifestations

ॐ श्री परमात्मने नमः । अथ दशमोऽध्यायः

Verse as written, with sandhis and conjuncts together

श्री भगवानुवाच

भूय एव महाबाहो शृणु मे परमं वचः ।

यत्तेऽहं प्रीयमाणाय वक्ष्यामि हितकाम्यया ॥ 1

Verse as chanted, pausing at each pada quarter verse

श्री भगवान् उवाच

भूय एव महाबाहो , शृणु मे परमं वचः ।

यत्तेहं प्रीयमाणाय , वक्ष्यामि हितकाम्यया ॥ 10.1

न मे विदुः सुरगणाः प्रभवं न महर्षयः ।

अहमादिर्हि देवानां महर्षीणां च सर्वशः ॥ 2

न मे विदुस् सुरगणाः , प्रभवं न महर्षयः ।

अहम् आदिर् हि देवानाम् , महर्षीणां च सर्वशः ॥ 10.2

यो मामजमनादिं च वेत्ति लोकमहेश्वरम् ।

असम्मूढः स मर्त्येषु सर्वपापैः प्रमुच्यते ॥ 3

यो माम् अजम् अनादिञ् च , वेत्ति लोकमहेश्वरम् ।

असम्मूढस् स मर्त्येषु , सर्वपापैᳲ प्रमुच्यते ॥ 10.3

बुद्धिर्ज्ञानमसम्मोहः क्षमा सत्यं दमः शमः ।

सुखं दुःखं भवोऽभावो भयं चाभयमेव च ॥ 4

बुद्धिर् ज्ञानम् असम्मोहः , क्षमा सत्यं दमश् शमः ।

सुखं दुःखं भवोभावः , भयं चाभयम् एव च ॥ 10.4

अहिंसा समता तुष्टिस्तपो दानं यशोऽयशः ।
भवन्ति भावा भूतानां मत्त एव पृथग्विधाः ॥ 5
अहिंसा समता तुष्टिः, तपो दानं यशोयशः ।
भवन्ति भावा भूतानाम्, मत्त एव पृथग्विधाः ॥ 10.5

महर्षयः सप्त पूर्वे चत्वारो मनवस्तथा ।
मद्भावा मानसा जाता येषां लोक इमाः प्रजाः ॥ 6
महर्षयस् सप्त पूर्वे, चत्वारो मनवस् तथा ।
मद्भावा मानसा जाताः, येषां लोक इमाः प्रजाः ॥ 10.6

एतां विभूतिं योगं च मम यो वेत्ति तत्त्वतः ।
सोऽविकम्पेन योगेन युज्यते नात्र संशयः ॥ 7
एतां विभूतिं योगञ् च, मम यो वेत्ति तत्-त्वतः ।
सोविकम्पेन योगेन, युज्यते नात्र संशयः ॥ 10.7

अहं सर्वस्य प्रभवो मत्तः सर्वं प्रवर्तते ।
इति मत्वा भजन्ते मां बुधा भावसमन्विताः ॥ 8
अहं सर्वस्य प्रभवः, मत्तस् सर्वं प्रवर्तते ।
इति मत्वा भजन्ते माम्, बुधा भावसमन्विताः ॥ 10.8

मच्चित्ता मद्गतप्राणा बोधयन्तः परस्परम् ।
कथयन्तश्च मां नित्यं तुष्यन्ति च रमन्ति च ॥ 9
मच्चित्ता मद्गतप्राणाः, बोधयन्तः परस्परम् ।
कथयन्तश्च मां नित्यम्, तुष्यन्ति च रमन्ति च ॥ 10.9

तेषां सततयुक्तानां भजतां प्रीतिपूर्वकम् ।
ददामि बुद्धियोगं तं येन मामुपयान्ति ते ॥ 10
तेषां सततयुक्तानाम्, भजतां प्रीतिपूर्वकम् ।
ददामि बुद्धियोगं तम्, येन माम् उपयान्ति ते ॥ 10.10

तेषामेवानुकम्पार्थमहमज्ञानजं तमः ।
नाशयाम्यात्मभावस्थो ज्ञानदीपेन भास्वता ॥ 11
तेषाम् एवानुकम्पार्थम् , अहम् अज्ञानजं तमः ।
नाशयाम्यात्मभावस्थः , ज्ञानदीपेन भास्वता ॥ 10.11

अर्जुन उवाच
परं ब्रह्म परं धाम पवित्रं परमं भवान् ।
पुरुषं शाश्वतं दिव्यमादिदेवमजं विभुम् ॥ 12
अर्जुन उवाच
परं ब्रह्म परं धाम , पवित्रं परमं भवान् ।
पुरुषं शाश्वतं दिव्यम् , आदिदेवम् अजं विभुम् ॥ 10.12

आहुस्त्वामृषयः सर्वे देवर्षिर्नारदस्तथा ।
असितो देवलो व्यासः स्वयं चैव ब्रवीषि मे ॥ 13
आहुस् त्वाम् ऋषयस् सर्वे , देवर्षिर् नारदस् तथा ।
असितो देवलो व्यासः , स्वयं चैव ब्रवीषि मे ॥ 10.13

सर्वमेतदृतं मन्ये यन्मां वदसि केशव ।
न हि ते भगवन्व्यक्तिं विदुर्देवा न दानवाः ॥ 14
सर्वम् एतद् ऋतं मन्ये , यन्मां वदसि केशव ।
न हि ते भगवन् व्यक्तिम् , विदुर् देवा न दानवाः ॥ 10.14

स्वयमेवात्मनाऽऽत्मानं वेत्थ त्वं पुरुषोत्तम ।
भूतभावन भूतेश देवदेव जगत्पते ॥ 15
स्वयम् एवात्मनात्मानम् , वेत्थ त्वं पुरुषोत्तम ।
भूतभावन भूतेश , देवदेव जगत्पते ॥ 10.15

वक्तुमर्हस्यशेषेण दिव्या ह्यात्मविभूतयः ।
याभिर्विभूतिभिर्लोकानिमांस्त्वं व्याप्य तिष्ठसि ॥ 16
वक्तुम् अर्हस्यशेषेण , दिव्या ह्यात्मविभूतयः ।
याभिर् विभूतिभिर् लोकान् , इमांस्त्वं व्याप्य तिष्ठसि ॥ 10.16

कथं विद्यामहं योगिंस्त्वां सदा परिचिन्तयन् ।
केषु केषु च भावेषु चिन्त्योऽसि भगवन् मया ॥ 17
कथं विद्यामहं योगिन् , त्वां सदा परिचिन्तयन् ।
केषु केषु च भावेषु , चिन्त्योसि भगवन् मया ॥ 10.17

विस्तरेणात्मनो योगं विभूतिं च जनार्दन ।
भूयः कथय तृप्तिर्हि श्रृण्वतो नास्ति मेऽमृतम् ॥ 18
विस्तरेणात्मनो योगम् , विभूतिञ् च जनार्दन ।
भूयᳲ कथय तृप्तिर् हि , श्रृण्वतो नास्ति मेमृतम् ॥ 10.18

श्री भगवानुवाच
हन्त ते कथयिष्यामि दिव्या ह्यात्मविभूतयः ।
प्राधान्यतः कुरुश्रेष्ठ नास्त्यन्तो विस्तरस्य मे ॥ 19
श्री भगवान् उवाच
हन्त ते कथयिष्यामि , दिव्या ह्यात्मविभूतयः ।
प्राधान्-यतᳲ कुरुश्रेष्ठ , नास्-त्यन्तो विस्तरस्य मे ॥ 10.19

अहमात्मा गुडाकेश सर्वभूताशयस्थितः ।
अहमादिश्च मध्यं च भूतानामन्त एव च ॥ 20
अहम् आत्मा गुडाकेश , सर्वभूता-शयस्थितः ।
अहम् आदिश्च मध्यञ् च , भूतानामन्त एव च ॥ 10.20

आदित्यानामहं विष्णुर्ज्योतिषां रविरंशुमान् ।
मरीचिर्मरुतामस्मि नक्षत्राणामहं शशी ॥ 21
आदित्यानाम् अहं विष्णुः , ज्योतिषां रविर् अंशुमान् ।
मरीचिर् मरुताम् अस्मि , नक्षत्राणाम् अहं शशी ॥ 10.21

वेदानां सामवेदोऽस्मि देवानामस्मि वासवः ।
इन्द्रियाणां मनश्चास्मि भूतानामस्मि चेतना ॥ 22
वेदानां सामवेदोस्मि , देवानाम् अस्मि वासवः ।
इन्द्रियाणां मनश् चास्मि , भूतानाम् अस्मि चेतना ॥ 10.22

रुद्राणां शङ्करश्चास्मि वित्तेशो यक्षरक्षसाम् ।
वसूनां पावकश्चास्मि मेरुः शिखरिणामहम् ॥ 23
रुद्राणां शङ्करश् चास्मि , वित्तेशो यक्षरक्षसाम् ।
वसूनां पावकश् चास्मि , मेरुश् शिखरिणाम् अहम् ॥ 10.23

पुरोधसां च मुख्यं मां विद्धि पार्थ बृहस्पतिम् ।
सेनानीनामहं स्कन्दः सरसामस्मि सागरः ॥ 24
पुरोधसां च मुख्यं माम् , विद्धि पार्थ बृहस्पतिम् ।
सेनानीनाम् अहं स्कन्दः , सरसाम् अस्मि सागरः ॥ 10.24

महर्षीणां भृगुरहं गिरामस्म्येकमक्षरम् ।
यज्ञानां जपयज्ञोऽस्मि स्थावराणां हिमालयः ॥ 25
महर्षीणां भृगुर् अहम् , गिराम् अस्म्येकम् अक्षरम् ।
यज्ञानां जपयज्ञोस्मि , स्थावराणां हिमालयः ॥ 10.25

अश्वत्थः सर्ववृक्षाणां देवर्षीणां च नारदः ।
गन्धर्वाणां चित्ररथः सिद्धानां कपिलो मुनिः ॥ 26
अश्वत्थस् सर्ववृक्षाणाम् , देवर्षीणां च नारदः ।
गन्धर्वाणां चित्ररथः , सिद्धानां कपिलो मुनिः ॥ 10.26

उच्चैःश्रवसमश्वानां विद्धि माममृतोद्भवम् ।
ऐरावतं गजेन्द्राणां नराणां च नराधिपम् ॥ 27
उच्चैःश्रवसम् अश्वानाम् , विद्धि माम् अमृतोद्भवम् ।
ऐरावतं गजेन्द्राणाम् , नराणां च नराधिपम् ॥ 10.27

आयुधानामहं वज्रं धेनूनामस्मि कामधुक् ।
प्रजनश्चास्मि कन्दर्पः सर्पाणामस्मि वासुकिः ॥ 28
आयुधानाम् अहं वज्रम् , धेनूनाम् अस्मि कामधुक् ।
प्रजनश् चास्मि कन्दर्पः , सर्पाणाम् अस्मि वासुकिः ॥ 10.28

अनन्तश्चास्मि नागानां वरुणो यादसामहम् ।
पितॄणामर्यमा चास्मि यमः संयमतामहम् ॥ 29
अनन्तश् चास्मि नागानाम् , वरुणो यादसाम् अहम् ।
पितॄणाम् अर्यमा चास्मि , यमस् संयमताम् अहम् ॥ 10.29

प्रह्लादश्चास्मि दैत्यानां कालः कलयतामहम् ।
मृगाणां च मृगेन्द्रोऽहं वैनतेयश्च पक्षिणाम् ॥ 30
प्रह्लादश् चास्मि दैत्यानाम् , कालᳵ कलयतामहम् ।
मृगाणां च मृगेन्द्रोहम् , वैनतेयश्च पक्षिणाम् ॥ 10.30

पवनः पवतामस्मि रामः शस्त्रभृतामहम् ।
झषाणां मकरश्चास्मि स्त्रोतसामस्मि जाह्नवी ॥ 31
पवनᳵ पवताम् अस्मि , रामश् शस्त्रभृतामहम् ।
झषाणां मकरश् चास्मि , स्त्रोतसाम् अस्मि जाह्नवी ॥ 10.31

सर्गाणामादिरन्तश्च मध्यं चैवाहमर्जुन ।
अध्यात्मविद्या विद्यानां वादः प्रवदतामहम् ॥ 32
सर्गाणाम् आदिरन्तश्च , मध्यञ् चैवाहम् अर्जुन ।
अध्यात्मविद्या विद्यानाम् , वादᳵ प्रवदताम् अहम् ॥ 10.32

अक्षराणामकारोऽस्मि द्वन्द्वः सामासिकस्य च ।
अहमेवाक्षयः कालो धाताऽहं विश्वतोमुखः ॥ 33
अक्षराणाम् अकारोस्मि , द्वन्-द्वस् सामासिकस्य च ।
अहम् एवाक्षयः कालः , धाताहं विश्वतोमुखः ॥ 10.33

मृत्युः सर्वहरश्चाहमुद्भवश्च भविष्यताम् ।
कीर्तिः श्रीर्वाक्च नारीणां स्मृतिर्मेधा धृतिः क्षमा ॥ 34
मृत्युस् सर्वहरश् चाहम् , उद्-भवश्च भविष्यताम् ।
कीर्तिश् श्रीर्-वाक् च नारीणाम् , स्मृतिर् मेधा धृतिः क्षमा ॥ 10.34

बृहत्साम तथा साम्नां गायत्री छन्दसामहम् ।
मासानां मार्गशीर्षोऽहमृतूनां कुसुमाकरः ॥ 35
बृहत्साम तथा साम्नाम् , गायत्री छन्दसाम् अहम् ।
मासानां मार्गशीर्षोहम् , ऋतूनां कुसुमाकरः ॥ 10.35

द्यूतं छलयतामस्मि तेजस्तेजस्विनामहम् ।
जयोऽस्मि व्यवसायोऽस्मि सत्त्वं सत्त्ववतामहम् ॥ 36
द्यूतं छलयताम् अस्मि , तेजस् तेजस्विनाम् अहम् ।
जयोस्मि व्यवसायोस्मि , सत्-त्वं सत्त्व-वताम् अहम् ॥ 10.36

वृष्णीनां वासुदेवोऽस्मि पाण्डवानां धनञ्जयः ।
मुनीनामप्यहं व्यासः कवीनामुशना कविः ॥ 37
वृष्णीनां वासुदेवोस्मि , पाण्डवानां धनञ्जयः ।
मुनीनाम् अप्यहं व्यासः , कवीनाम् उशना कविः ॥ 10.37

दण्डो दमयतामस्मि नीतिरस्मि जिगीषताम् ।
मौनं चैवास्मि गुह्यानां ज्ञानं ज्ञानवतामहम् ॥ 38
दण्डो दमयताम् अस्मि , नीतिर् अस्मि जिगीषताम् ।
मौनं चैवास्मि गुह्यानाम् , ज्ञानं ज्ञानवताम् अहम् ॥ 10.38

यच्चापि सर्वभूतानां बीजं तदहमर्जुन ।
न तदस्ति विना यत्स्यान्मया भूतं चराचरम् ॥ 39
यच्चापि सर्वभूतानाम् , बीजं तद् अहम् अर्जुन ।
न तदस्ति विना यत् स्यात् , मया भूतञ् चराचरम् ॥ 10.39

नान्तोऽस्ति मम दिव्यानां विभूतीनां परन्तप ।
एष तूद्देशतः प्रोक्तो विभूतेर्विस्तरो मया ॥ 40
नान्तोस्ति मम दिव्यानाम् , विभूतीनां परन्तप ।
एष तूद्देशतꣳ प्रोक्तः , विभूतेर् विस्तरो मया ॥ 10.40

यद्यद्विभूतिमत्सत्त्वं श्रीमदूर्जितमेव वा ।
तत्तदेवावगच्छ त्वं मम तेजोंऽशसम्भवम् ॥ 41
यद् यद् विभूतिमत् सत् त्वम् , श्रीमद् ऊर्जितम् एव वा ।
तत् तद् एवावगच्छ त्वम् , मम तेजोंशसम्भवम् ॥ 10.41

अथवा बहुनैतेन किं ज्ञातेन तवार्जुन ।
विष्टभ्याहमिदं कृत्स्नमेकांशेन स्थितो जगत् ॥ 42
अथवा बहुनैतेन , किं ज्ञातेन तवार्जुन ।
विष्टभ्याहम् इदं कृत्स्नम् , एकांशेन स्थितो जगत् ॥ 10.42

ॐ तत् सत् ।
इति श्रीमद्भगवद्गीतासु उपनिषत्सु ब्रह्मविद्यायां योगशास्त्रे श्रीकृष्णार्जुनसंवादे विभूति-योगो नाम दशमोऽध्यायः ॥ 10th ॥

11 Yoga of The Cosmic Person

ॐ श्री परमात्मने नमः । अथ एकादशोऽध्यायः

Verse as written, with sandhis and conjuncts together

<u>अर्जुन उवाच</u>

मदनुग्रहाय परमं गुह्यमध्यात्मसञ्ज्ञितम् ।
यत्त्वयोक्तं वचस्तेन मोहोऽयं विगतो मम ॥ 1

Verse as chanted, pausing at each pada quarter verse

<u>अर्जुन उवाच</u>

मदनुग्रहाय परमम् , गुह्यम् अध्यात्मसञ्ज्ञितम् ।
यत् त्वयोक्तं वचस्तेन , मोहोयं विगतो मम ॥ 11.1

भवाप्ययौ हि भूतानां श्रुतौ विस्तरशो मया ।
त्वत्तः कमलपत्राक्ष माहात्म्यम् अपि चाव्ययम् ॥ 2
भवाप्-ययौ हि भूतानाम् , श्रुतौ विस्तरशो मया ।
त्वत्-तः कमलपत्राक्ष , माहात्-म्यम् अपि चाव्ययम् ॥ 11.2

एवमेतद्यथात्थ त्वमात्मानं परमेश्वर ।
द्रष्टुमिच्छामि ते रूपमैश्वरं पुरुषोत्तम ॥ 3
एवम् एतद् यथात्थ त्वम् , आत्मानं परमेश्वर ।
द्रष्टुम् इच्छामि ते रूपम् , ऐश्वरं पुरुषोत्-तम ॥ 11.3

मन्यसे यदि तच्छक्यं मया द्रष्टुमिति प्रभो ।
योगेश्वर ततो मे त्वं दर्शयात्मानमव्ययम् ॥ 4
मन्यसे यदि तच् छक्यम् , मया द्रष्टुम् इति प्रभो ।
योगेश्वर ततो मे त्वम् , दर्शयात्मानम् अव्ययम् ॥ 11.4

श्री भगवानुवाच

पश्य मे पार्थ रूपाणि शतशोऽथ सहस्रशः ।

नानाविधानि दिव्यानि नानावर्णाकृतीनि च ॥ 5

श्री भगवान् उवाच

पश्य मे पार्थ रूपाणि , शतशोथ सहस्रशः ।

नानाविधानि दिव्यानि , नानावर्णाकृतीनि च ॥ 11.5

पश्यादित्यान्वसून्रुद्रानश्विनौ मरुतस्तथा ।

बहून्यदृष्टपूर्वाणि पश्याश्चर्याणि भारत ॥ 6

पश्यादित्यान् वसून् रुद्रान् , अश्विनौ मरुतस् तथा ।

बहून्यदृष्टपूर्वाणि , पश्याश्चर्याणि भारत ॥ 11.6

इहैकस्थं जगत्कृत्स्नं पश्याद्य सचराचरम् ।

मम देहे गुडाकेश यच्चान्यद्द्रष्टुमिच्छसि ॥ 7

इहैकस्थं जगत् कृत्स्नम् , पश्याद्य सचराचरम् ।

मम देहे गुडाकेश , यच्चान्यद् द्रष्टुम् इच्छसि ॥ 11.7

न तु मां शक्यसे द्रष्टुमनेनैव स्वचक्षुषा ।

दिव्यं ददामि ते चक्षुः पश्य मे योगमैश्वरम् ॥ 8

न तु मां शक्यसे द्रष्टुम् , अनेनैव स्वचक्षुषा ।

दिव्यं ददामि ते चक्षुः , पश्य मे योगम् ऐश्वरम् ॥ 11.8

सञ्जय उवाच

एवमुक्त्वा ततो राजन्महायोगेश्वरो हरिः ।

दर्शयामास पार्थाय , परमं रूपम् ऐश्वरम् ॥ 9

सञ्जय उवाच

एवम् उक्त्वा ततो राजन् , महायोगेश्वरो हरिः ।

दर्शयामास पार्थाय , परमं रूपम् ऐश्वरम् ॥ 11.9

अनेकवक्त्रनयनमनेकाद्भुतदर्शनम् ।
अनेकदिव्याभरणं दिव्यानेकोद्यतायुधम् ॥ 10
अनेकवक्त्रनयनम् , अनेकाद्-भुतदर्शनम् ।
अनेकदिव्याभरणम् , दिव्यानेकोद्-यतायुधम् ॥ 11.10

दिव्यमाल्याम्बरधरं दिव्यगन्धानुलेपनम् ।
सर्वाश्चर्यमयं देवमनन्तं विश्वतोमुखम् ॥ 11
दिव्यमाल्याम्बरधरम् , दिव्यगन्धानुलेपनम् ।
सर्वाश्चर्यमयं देवम् , अनन्तं विश्वतोमुखम् ॥ 11.11

दिवि सूर्यसहस्रस्य भवेद्युगपदुत्थिता ।
यदि भाः सदृशी सा स्याद्भासस्तस्य महात्मनः ॥ 12
दिवि सूर्यसहस्रस्य , भवेद् युगपद् उत्थिता ।
यदि भास् सदृशी सा स्यात् , भासस् तस्य महात्मनः ॥ 11.12

तत्रैकस्थं जगत्कृत्स्नं प्रविभक्तमनेकधा ।
अपश्यद्देवदेवस्य शरीरे पाण्डवस्तदा ॥ 13
तत्रैकस्थं जगत् कृत्स्नम् , प्रविभक्तम् अनेकधा ।
अपश्यद् देवदेवस्य , शरीरे पाण्डवस् तदा ॥ 11.13

ततः स विस्मयाविष्टो हृष्टरोमा धनञ्जयः ।
प्रणम्य शिरसा देवं कृताञ्जलिरभाषत ॥ 14
ततस् स विस्मयाविष्टः , हृष्टरोमा धनञ्जयः ।
प्रणम्य शिरसा देवम् , कृताञ्जलिर् अभाषत ॥ 11.14

अर्जुन उवाच
पश्यामि देवांस्तव देव देहे
सर्वांस्तथा भूतविशेषसङ्घान् ।
ब्रह्माणमीशं कमलासनस्थम्

ऋषींश्च सर्वानुरगांश्च दिव्यान् ॥ 15

<u>अर्जुन उवाच</u>
पश्यामि देवांस्तव देव देहे ,
सर्वांस्तथा भूतविशेषसङ्घान् ।
ब्रह्माणम् ईशं कमलासनस्थम् ,
ऋषींश्च सर्वान् उरगांश्च दिव्यान् ॥ 11.15 Trishtup

अनेकबाहूदरवक्त्रनेत्रं
पश्यामि त्वां सर्वतोऽनन्तरूपम् ।
नान्तं न मध्यं न पुनस्तवादिं
पश्यामि विश्वेश्वर विश्वरूप ॥ 16
अनेकबाहूदरवक्त्रनेत्रम् ,
पश्यामि त्वां सर्वतोनन्तरूपम् ।
नान्तं न मध्यं न पुनस् तवादिम् ,
पश्यामि विश्वेश्वर विश्वरूप ॥ 11.16 Trishtup

किरीटिनं गदिनं चक्रिणं च
तेजोराशिं सर्वतो दीप्तिमन्तम् ।
पश्यामि त्वां दुर्निरीक्ष्यं समन्तात्
दीप्तानलार्कद्युतिम् अप्रमेयम् ॥ 17
किरीटिनं गदिनं चक्रिणञ् च ,
तेजोराशिं सर्वतो दीप्तिमन्तम् ।
पश्यामि त्वां दुर्निरीक्ष्यं समन्तात् ,
दीप्तानलार्कद्युतिम् अप्रमेयम् ॥ 11.17 Trishtup

त्वमक्षरं परमं वेदितव्यं
त्वमस्य विश्वस्य परं निधानम् ।
त्वमव्ययः शाश्वतधर्मगोप्ता

सनातनस्त्वं पुरुषो मतो मे ॥ 18
त्वम् अक्षरं परमं वेदितव्यम् ,
त्वम् अस्य विश्वस्य परं निधानम् ।
त्वम् अव्ययश् शाश्वतधर्मगोप्ता ,
सनातनस्त्वं पुरुषो मतो मे ॥ 11.18 Trishtup

अनादिमध्यान्तमनन्तवीर्यम्
अनन्तबाहुं शशिसूर्यनेत्रम् ।
पश्यामि त्वां दीप्तहुताशवक्त्रं
स्वतेजसा विश्वम् इदं तपन्तम् ॥ 19
अनादिमध्यान्तम् अनन्तवीर्यम् ,
अनन्तबाहुं शशिसूर्यनेत्रम् ।
पश्यामि त्वां दीप्तहुताशवक्त्रम् ,
स्वतेजसा विश्वम् इदं तपन्तम् ॥ 11.19 Trishtup

द्यावापृथिव्योरिदमन्तरं हि
व्याप्तं त्वयैकेन दिशश्च सर्वाः ।
दृष्ट्वाऽद्भुतं रूपमुग्रं तवेदं
लोकत्रयं प्रव्यथितं महात्मन् ॥ 20
द्यावापृथिव्योर् इदम् अन्तरं हि ,
व्याप्तं त्वयैकेन दिशश्च सर्वाः ।
दृष्ट्वाद्भुतं रूपम् उग्रं तवेदम् ,
लोकत्रयं प्रव्यथितं महात्मन् ॥ 11.20 Trishtup

अमी हि त्वां सुरसङ्घा विशन्ति
केचिद्भीताः प्राञ्जलयो गृणन्ति ।
स्वस्तीत्युक्त्वा महर्षिसिद्धसङ्घाः
स्तुवन्ति त्वां स्तुतिभिः पुष्कलाभिः ॥ 21

अमी हि त्वां सुरसङ्घा विशन्ति ,
केचिद्भीताᳵ प्राञ्जलयो गृणन्ति ।
स्वस्तीत्युक्त्वा महर्षिसिद्धसङ्घाः ,
स्तुवन्ति त्वां स्तुतिभिᳵ पुष्कलाभिः ॥ 11.21 Trishtup

रुद्रादित्या वसवो ये च साध्या
विश्वेऽश्विनौ मरुतश्चोष्मपाश्च ।
गन्धर्वयक्षासुरसिद्धसङ्घा
वीक्षन्ते त्वां विस्मिताश्चैव सर्वे ॥ 22
रुद्रादित्या वसवो ये च साध्याः ,
विश्वेश्विनौ मरुतश्चोष्मपाश्च ।
गन्धर्वयक्षासुरसिद्धसङ्घाः ,
वीक्षन्ते त्वां विस्मिताश्चैव सर्वे ॥ 11.22 Trishtup

रूपं महत्ते बहुवक्त्रनेत्रं
महाबाहो बहुबाहूरुपादम् ।
बहूदरं बहुदंष्ट्राकरालं
दृष्ट्वा लोकाः प्रव्यथितास्तथाऽहम् ॥ 23
रूपं महत्ते बहुवक्त्रनेत्रम् ,
महाबाहो बहुबाहूरुपादम् ।
बहूदरं बहुदंष्ट्राकरालम् ,
दृष्ट्वा लोकाᳵ प्रव्यथितास् तथाहम् ॥ 11.23 Trishtup

नभःस्पृशं दीप्तमनेकवर्णं
व्यात्ताननं दीप्तविशालनेत्रम् ।
दृष्ट्वा हि त्वां प्रव्यथितान्तरात्मा
धृतिं न विन्दामि शमं च विष्णो ॥ 24
नभःस्पृशं दीप्तम् अनेकवर्णम् ,

व्यात्ताननं दीप्तविशालनेत्रम् ।
दृष्ट्वा हि त्वां प्रव्यथितान्तरात्मा ,
धृतिं न विन्दामि शमं च विष्णो ॥ 11.24 Trishtup

दंष्ट्राकरालानि च ते मुखानि
दृष्ट्वैव कालानलसन्निभानि ।
दिशो न जाने न लभे च शर्म
प्रसीद देवेश जगन्निवास ॥ 25
दंष्ट्राकरालानि च ते मुखानि ,
दृष्ट्वैव कालानलसन्निभानि ।
दिशो न जाने न लभे च शर्म ,
प्रसीद देवेश जगन्निवास ॥ 11.25 Trishtup

अमी च त्वां धृतराष्ट्रस्य पुत्राः
सर्वे सहैवावनिपालसङ्घैः ।
भीष्मो द्रोणः सूतपुत्रस्तथाऽसौ
सहास्मदीयैरपि योधमुख्यैः ॥ 26
अमी च त्वां धृतराष्ट्रस्य पुत्राः ,
सर्वे सहैवावनिपालसङ्घैः ।
भीष्मो द्रोणस् सूतपुत्रस् तथासौ ,
सहास्मदीयैर् अपि योधमुख्यैः ॥ 11.26 Trishtup

वक्त्राणि ते त्वरमाणा विशन्ति
दंष्ट्राकरालानि भयानकानि ।
केचिद्विलग्ना दशनान्तरेषु
सन्दृश्यन्ते चूर्णितैरुत्तमाङ्गैः ॥ 27
वक्त्राणि ते त्वरमाणा विशन्ति ,
दंष्ट्राकरालानि भयानकानि ।

केचिद् विलग्ना दशनान्तरेषु ,
सन्दृश्यन्ते चूर्णितैर् उत्तमाङ्गैः ॥ 11.27 Trishtup

यथा नदीनां बहवोऽम्बुवेगाः
समुद्रमेवाभिमुखा द्रवन्ति ।
तथा तवामी नरलोकवीरा
विशन्ति वक्त्राण्यभिविज्वलन्ति ॥ 28

यथा नदीनां बहवोम्बुवेगाः ,
समुद्रम् एवाभिमुखा द्रवन्ति ।
तथा तवामी नरलोकवीराः ,
विशन्ति वक्त्राण्यभिविज्वलन्ति ॥ 11.28 Trishtup

यथा प्रदीप्तं ज्वलनं पतङ्गा
विशन्ति नाशाय समृद्धवेगाः ।
तथैव नाशाय विशन्ति लोकास्तवापि वक्त्राणि समृद्धवेगाः ॥ 29

यथा प्रदीप्तं ज्वलनं पतङ्गाः ,
विशन्ति नाशाय समृद्धवेगाः ।
तथैव नाशाय विशन्ति लोकाः ,
तवापि वक्त्राणि समृद्धवेगाः ॥ 11.29 Trishtup

लेलिह्यसे ग्रसमानः समन्ताल्लोकान् समग्रान्वदनैर्ज्वलद्भिः ।
तेजोभिरापूर्य जगत्समग्रं
भासस्तवोग्राः प्रतपन्ति विष्णो ॥ 30

लेलिह्यसे ग्रसमानस् समन्तात् ,
लोकान् समग्रान् वदनैर् ज्वलद्भिः ।
तेजोभिर् आपूर्य जगत् समग्रम् ,
भासस् तवोग्राः प्रतपन्ति विष्णो ॥ 11.30 Trishtup

आख्याहि मे को भवानुग्ररूपो

नमोऽस्तु ते देववर प्रसीद ।
विज्ञातुमिच्छामि भवन्तमाद्यं
न हि प्रजानामि तव प्रवृत्तिम् ॥ 31
आख्याहि मे को भवान् उग्ररूपः ,
नमोस्तु ते देववर प्रसीद ।
विज्ञातुम् इच्छामि भवन्तम् आद्यम् ,
न हि प्रजानामि तव प्रवृत्तिम् ॥ 11.31 Trishtup

श्री भगवानुवाच
कालोऽस्मि लोकक्षयकृत्प्रवृद्धो
लोकान्समाहर्तुमिह प्रवृत्तः ।
ऋतेऽपि त्वां न भविष्यन्ति सर्वे
येऽवस्थिताः प्रत्यनीकेषु योधाः ॥ 32
श्री भगवान् उवाच
कालोऽस्मि लोकक्षयकृत्प्रवृद्धः ,
लोकान् समाहर्तुम् इह प्रवृत्तः ।
ऋतेपि त्वां न भविष्यन्ति सर्वे ,
येऽवस्थिताः प्रत्यनीकेषु योधाः ॥ 11.32 Trishtup

तस्मात्त्वमुत्तिष्ठ यशो लभस्व
जित्वा शत्रून्भुङ्क्ष्व राज्यं समृद्धम् ।
मयैवैते निहताः पूर्वमेव
निमित्तमात्रं भव सव्यसाचिन् ॥ 33
तस्मात् त्वम् उत्तिष्ठ यशो लभस्व ,
जित्वा शत्रून् भुङ्क्ष्व राज्यं समृद्धम् ।
मयैवैते निहताः पूर्वम् एव ,
निमित्तमात्रं भव सव्यसाचिन् ॥ 11.33 Trishtup

द्रोणं च भीष्मं च जयद्रथं च ,
कर्णं तथाऽन्यानपि योधवीरान् ।
मया हतांस्त्वं जहि मा व्यथिष्ठा
युध्यस्व जेतासि रणे सपत्नान् ॥ 34
द्रोणञ् च भीष्मञ् च जयद्रथञ् च ,
कर्णं तथान्यान् अपि योधवीरान् ।
मया हतांस्त्वं जहि मा व्यथिष्ठाः ,
युध्यस्व जेतासि रणे सपत्नान् ॥ 11.34 Trishtup

<u>सञ्जय उवाच</u>
एतच्छ्रुत्वा वचनं केशवस्य
कृताञ्जलिर्वेपमानः किरीटी ।
नमस्कृत्वा भूय एवाह कृष्णं
सगद्गदं भीतभीतः प्रणम्य ॥ 35
<u>सञ्जय उवाच</u>
एतच् छ्रुत्वा वचनं केशवस्य ,
कृताञ्जलिर् वेपमानᳵ किरीटी ।
नमस्कृत्वा भूय एवाह कृष्णम् ,
सगद्गदं भीतभीतᳵ प्रणम्य ॥ 11.35 Trishtup

<u>अर्जुन उवाच</u>
स्थाने हृषीकेश तव प्रकीर्त्या
जगत्प्रहृष्यत्यनुरज्यते च ।
रक्षांसि भीतानि दिशो द्रवन्ति
सर्वे नमस्यन्ति च सिद्धसङ्घाः ॥ 36
<u>अर्जुन उवाच</u>
स्थाने हृषीकेश तव प्रकीर्त्या ,
जगत् प्रहृष्यत्यनुरज्यते च ।

रक्षांसि भीतानि दिशो द्रवन्ति ,
सर्वे नमस्यन्ति च सिद्धसङ्घाः ॥ 11.36 Trishtup

कस्माच्च ते न नमेरन्महात्मन्
गरीयसे ब्रह्मणोऽप्यादिकर्त्रे ।
अनन्त देवेश जगन्निवास
त्वमक्षरं सदसत्तत्परं यत् ॥ 37
कस्माच् च ते न नमेरन् महात्मन् ,
गरीयसे ब्रह्मणोप्यादिकर्त्रे ।
अनन्त देवेश जगन्निवास ,
त्वम् अक्षरं सद् असत् तत् परं यत् ॥ 11.37 Trishtup

त्वमादिदेवः पुरुषः पुराणस्त्वमस्य विश्वस्य परं निधानम् ।
वेत्तासि वेद्यं च परं च धाम
त्वया ततं विश्वमनन्तरूप ॥ 38

त्वम् आदिदेवᳵ पुरुषᳵ पुराणः ,
त्वम् अस्य विश्वस्य परं निधानम् ।
वेत्तासि वेद्यं च परं च धाम ,
त्वया ततं विश्वम् अनन्तरूप ॥ 11.38 Trishtup

वायुर्यमोऽग्निर्वरुणः शशाङ्कः
प्रजापतिस्त्वं प्रपितामहश्च ।
नमो नमस्तेऽस्तु सहस्रकृत्वः
पुनश्च भूयोऽपि नमो नमस्ते ॥ 39
वायुर् यमोग्निर् वरुणश् शशाङ्कः ,
प्रजापतिस् त्वं प्रपितामहश्च ।
नमो नमस्तेस्तु सहस्रकृत्वः ,
पुनश्च भूयोपि नमो नमस्ते ॥ 11.39 Trishtup

नमः पुरस्तादथ पृष्ठतस्ते
नमोऽस्तु ते सर्वत एव सर्व ।
अनन्तवीर्यामितविक्रमस्त्वं
सर्वं समाप्नोषि ततोऽसि सर्वः ॥ 40
नमः पुरस्ताद् अथ पृष्ठतस् ते ,
नमोस्तु ते सर्वत एव सर्व ।
अनन्तवीर्यामितविक्रमस् त्वम् ,
सर्वं समाप्नोषि ततोसि सर्वः ॥ 11.40 Trishtup

सखेति मत्वा प्रसभं यदुक्तं
हे कृष्ण हे यादव हे सखेति ।
अजानता महिमानं तवेदं
मया प्रमादात्प्रणयेन वापि ॥ 41
सखेति मत्वा प्रसभं यद् उक्तम् ,
हे कृष्ण हे यादव हे सखेति ।
अजानता महिमानं तवेदम् ,
मया प्रमादात् प्रणयेन वापि ॥ 11.41 Trishtup

यच्चावहासार्थमसत्कृतोऽसि
विहारशय्यासनभोजनेषु ।
एकोऽथवाप्यच्युत तत्समक्षं
तत्क्षामये त्वामहमप्रमेयम् ॥ 42
यच् चावहासार्थम् असत्कृतोसि ,
विहारशय्यासनभोजनेषु ।
एकोथवाप्यच्युत तत् समक्षम् ,
तत् क्षामये त्वाम् अहम् अप्रमेयम् ॥ 11.42 Trishtup

पितासि लोकस्य चराचरस्य

त्वमस्य पूज्यश्च गुरुर्गरीयान् ।
न त्वत्समोऽस्त्यभ्यधिकः कुतोऽन्यो
लोकत्रयेऽप्यप्रतिमप्रभाव ॥ 43
पितासि लोकस्य चराचरस्य ,
त्वम् अस्य पूज्यश्च गुरुर् गरीयान् ।
न त्वत्समोस्त्यभ्यधिकᳵ कुतोन्यः ,
लोकत्रयेप्यप्रतिमप्रभाव ॥ 11.43 Trishtup

तस्मात्प्रणम्य प्रणिधाय कायं
प्रसादये त्वामहमीशमीड्यम् ।
पितेव पुत्रस्य सखेव सख्युः
प्रियः प्रियायार्हसि देव सोढुम् ॥ 44
तस्मात् प्रणम्य प्रणिधाय कायम् ,
प्रसादये त्वाम् अहम् ईशम् ईड्यम् ।
पितेव पुत्रस्य सखेव सख्युः ,
प्रियᳶ प्रियायार्हसि देव सोढुम् ॥ 11.44 Trishtup

अदृष्टपूर्वं हृषितोऽस्मि दृष्ट्वा
भयेन च प्रव्यथितं मनो मे ।
तदेव मे दर्शय देवरूपं
प्रसीद देवेश जगन्निवास ॥ 45
अदृष्टपूर्वं हृषितोस्मि दृष्ट्वा ,
भयेन च प्रव्यथितं मनो मे ।
तदेव मे दर्शय देवरूपम् ,
प्रसीद देवेश जगन्निवास ॥ 11.45 Trishtup

किरीटिनं गदिनं चक्रहस्तम्
इच्छामि त्वां द्रष्टुमहं तथैव ।

तेनैव रूपेण चतुर्भुजेन
सहस्रबाहो भव विश्वमूर्ते ॥ 46
किरीटिनं गदिनं चक्रहस्तम् ,
इच्छामि त्वां द्रष्टुम् अहं तथैव ।
तेनैव रूपेण चतुर्भुजेन ,
सहस्रबाहो भव विश्वमूर्ते ॥ 11.46 Trishtup

श्री भगवानुवाच
मया प्रसन्नेन तवार्जुनेदं
रूपं परं दर्शितमात्मयोगात् ।
तेजोमयं विश्वमनन्तमाद्यं
यन्मे त्वदन्येन न दृष्टपूर्वम् ॥ 47
श्री भगवान् उवाच
मया प्रसन्नेन तवार्जुनेदम् ,
रूपं परं दर्शितम् आत्मयोगात् ।
तेजोमयं विश्वम् अनन्तम् आद्यम् ,
यन्मे त्वद् अन्येन न दृष्टपूर्वम् ॥ 11.47 Trishtup

न वेदयज्ञाध्ययनैर्न दानैर्
न च क्रियाभिर्न तपोभिरुग्रैः ।
एवंरूपः शक्य अहं नृलोके
द्रष्टुं त्वदन्येन कुरुप्रवीर ॥ 48
न वेदयज्ञाध्ययनैर् न दानैः ,
न च क्रियाभिर् न तपोभिर् उग्रैः ।
एवंरूपश् शक्य अहं नृलोके ,
द्रष्टुं त्वद् अन्येन कुरुप्रवीर ॥ 11.48 Trishtup

मा ते व्यथा मा च विमूढभावो

दृष्ट्वा रूपं घोरमीदृङ्ममेदम् ।
व्यपेतभीः प्रीतमनाः पुनस्त्वं
तदेव मे रूपमिदं प्रपश्य ॥ 49
मा ते व्यथा मा च विमूढभावः ,
दृष्ट्वा रूपं घोरम् ईदृङ्ममेदम् ।
व्यपेतभीः प्रीतमनाः पुनस् त्वम् ,
तद् एव मे रूपम् इदं प्रपश्य ॥ 11.49 Trishtup

सञ्जय उवाच
इत्यर्जुनं वासुदेवस्तथोक्त्वा
स्वकं रूपं दर्शयामास भूयः ।
आश्वासयामास च भीतमेनं
भूत्वा पुनः सौम्यवपुर्महात्मा ॥ 50
सञ्जय उवाच
इत्यर्जुनं वासुदेवस् तथोक्त्वा ,
स्वकं रूपं दर्शयामास भूयः ।
आश्वासयामास च भीतम् एनम् ,
भूत्वा पुनस् सौम्यवपुर् महात्मा ॥ 11.50 Trishtup

अर्जुन उवाच
दृष्ट्वेदं मानुषं रूपं तव सौम्यं जनार्दन ।
इदानीमस्मि संवृत्तः सचेताः प्रकृतिं गतः ॥ 51
अर्जुन उवाच
दृष्ट्-वेदं मानुषं रूपम् , तव सौम्यं जनार्दन ।
इदानीम् अस्मि संवृत्तः , सचेताः प्रकृतिं गतः ॥ 11.51

श्री भगवानुवाच
सुदुर्दर्शमिदं रूपं दृष्टवानसि यन्मम ।

देवा अप्यस्य रूपस्य नित्यं दर्शनकाङ्क्षिणः ॥ 52

श्री भगवान् उवाच

सुदुर्दर्शम् इदं रूपम् , दृष्टवानसि यन् मम ।
देवा अप्यस्य रूपस्य , नित्यं दर्शनकाङ्क्षिणः ॥ 11.52

नाहं वेदैर्न तपसा न दानेन न चेज्यया ।
शक्य एवंविधो द्रष्टुं दृष्टवानसि मां यथा ॥ 53
नाहं वेदैर् न तपसा , न दानेन न चेज्यया ।
शक्य एवंविधो द्रष्टुम् , दृष्टवानसि मां यथा ॥ 11.53

भक्त्या त्वनन्यया शक्य अहमेवंविधोऽर्जुन ।
ज्ञातुं द्रष्टुं च तत्त्वेन प्रवेष्टुं च परन्तप ॥ 54
भक्त्या त्वनन्-यया शक्यः , अहम् एवंविधोर्जुन ।
ज्ञातुं द्रष्टुं च तत्त्वेन , प्रवेष्टुं च परन्तप ॥ 11.54

मत्कर्मकृन्मत्परमो मद्भक्तः सङ्गवर्जितः ।
निर्वैरः सर्वभूतेषु यः स मामेति पाण्डव ॥ 55
मत्कर्मकृन् मत्परमः , मद्भक्तस् सङ्गवर्जितः ।
निर्वैरस् सर्वभूतेषु , यस् स माम् एति पाण्डव ॥ 11.55

ॐ तत् सत् ।
इति श्रीमद्भगवद्गीतासु उपनिषत्सु ब्रह्मविद्यायां योगशास्त्रे श्रीकृष्णार्जुनसंवादे विश्व-रूप-दर्शन-योगो नाम एकादशोऽध्यायः॥ 11th ॥

12 Yoga of Devotion

ॐ श्री परमात्मने नमः । अथ द्वादशोऽध्यायः

Verse as written, with sandhis and conjuncts together

अर्जुन उवाच

एवं सततयुक्ता ये भक्तास्त्वां पर्युपासते ।

ये चाप्यक्षरमव्यक्तं तेषां के योगवित्तमाः ॥ 1

Verse as chanted, pausing at each pada quarter verse

अर्जुन उवाच

एवं सततयुक्ता ये , भक्तास् त्वां पर्युपासते ।

ये चाप्यक्षरम् अव्यक्तम् , तेषां के योगवित्तमाः ॥ 12.1

श्री भगवानुवाच

मय्यावेश्य मनो ये मां नित्ययुक्ता उपासते ।

श्रद्धया परयोपेतास्ते मे युक्ततमा मताः ॥ 2

श्री भगवान् उवाच

मय्यावेश्य मनो ये माम् , नित्ययुक्ता उपासते ।

श्रद्धया परयोपेताः , ते मे युक्ततमा मताः ॥ 12.2

ये त्वक्षरमनिर्देश्यमव्यक्तं पर्युपासते ।

सर्वत्रगमचिन्त्यं च कूटस्थमचलं ध्रुवम् ॥ 3

ये त्वक्षरम् अनिर्देश्यम् , अव्यक्तं पर्युपासते ।

सर्वत्रगम् अचिन्त्यञ् च , कूटस्थम् अचलं ध्रुवम् ॥ 12.3

सन्नियम्येन्द्रियग्रामं सर्वत्र समबुद्धयः ।

ते प्राप्नुवन्ति मामेव सर्वभूतहिते रताः ॥ 4

सन्नियम्येन्द्रियग्रामम् , सर्वत्र समबुद्धयः ।

ते प्राप्नुवन्ति माम् एव , सर्वभूतहिते रताः ॥ 12.4

क्लेशोऽधिकतरस्तेषामव्यक्तासक्तचेतसाम् ।
अव्यक्ता हि गतिर्दुःखं देहवद्भिरवाप्यते ॥ 5
क्लेशोऽधिकतरस् तेषाम् , अव्यक्तासक्तचेतसाम् ।
अव्यक्ता हि गतिर् दुःखम् , देहवद्भिर् अवाप्यते ॥ 12.5

ये तु सर्वाणि कर्माणि मयि सन्न्यस्य मत्पराः ।
अनन्येनैव योगेन मां ध्यायन्त उपासते ॥ 6
ये तु सर्वाणि कर्माणि , मयि सन्न्यस्य मत्पराः ।
अनन्येनैव योगेन , मां ध्यायन्त उपासते ॥ 12.6

तेषामहं समुद्धर्ता मृत्युसंसारसागरात् ।
भवामि नचिरात्पार्थ मय्यावेशितचेतसाम् ॥ 7
तेषाम् अहं समुद्धर्ता , मृत्यु-संसार-सागरात् ।
भवामि नचिरात् पार्थ , मय्या-वेशित-चेतसाम् ॥ 12.7

मय्येव मन आधत्स्व मयि बुद्धिं निवेशय ।
निवसिष्यसि मय्येव अत ऊर्ध्वं न संशयः ॥ 8
मय्येव मन आधत्स्व , मयि बुद्धिं निवेशय ।
निवसिष्यसि मय्येव , अत ऊर्ध्वं न संशयः ॥ 12.8

अथ चित्तं समाधातुं न शक्नोषि मयि स्थिरम् ।
अभ्यासयोगेन ततो मामिच्छाप्तुं धनञ्जय ॥ 9
अथ चित्तं समाधातुम् , न शक्नोषि मयि स्थिरम् ।
अभ्यासयोगेन ततः , माम् इच्छाप्तुं धनञ्जय ॥ 12.9

अभ्यासेऽप्यसमर्थोऽसि मत्कर्मपरमो भव ।
मदर्थमपि कर्माणि कुर्वन्सिद्धिमवाप्स्यसि ॥ 10
अभ्यासेप्यसमर्थोसि , मत्कर्मपरमो भव ।
मदर्थम् अपि कर्माणि , कुर्वन् सिद्धिम् अवाप्स्यसि ॥ 12.10

अथैतदप्यशक्तोऽसि कर्तुं मद्योगमाश्रितः ।
सर्वकर्मफलत्यागं ततः कुरु यतात्मवान् ॥ 11
अथैतदप्यशक्तोसि , कर्तुं मद्योगम् आश्रितः ।
सर्वकर्मफल-त्यागम् , ततः कुरु यतात्मवान् ॥ 12.11

श्रेयो हि ज्ञानमभ्यासाज्ज्ञानाद्ध्यानं विशिष्यते ।
ध्यानात्कर्मफलत्यागस्त्यागाच्छान्तिरनन्तरम् ॥ 12
श्रेयो हि ज्ञानम् अभ्यासात् , ज्ञानाद् ध्यानं विशिष्यते ।
ध्यानात् कर्मफलत्यागः , त्यागाच्छान्तिर् अनन्तरम् ॥ 12.12

अद्वेष्टा सर्वभूतानां मैत्रः करुण एव च ।
निर्ममो निरहङ्कारः समदुःखसुखः क्षमी ॥ 13
अद्वेष्टा सर्वभूतानाम् , मैत्रः करुण एव च ।
निर्ममो निर्-अहङ्कारः , समदुःखसुखः क्षमी ॥ 12.13

सन्तुष्टः सततं योगी यतात्मा दृढनिश्चयः ।
मय्यर्पितमनोबुद्धिर्यो मद्भक्तः स मे प्रियः ॥ 14
सन्तुष्टस् सततं योगी , यतात्मा दृढनिश्चयः ।
मय्यर्-पित-मनोबुद्धिः , यो मद्भक्तस् स मे प्रियः ॥ 12.14

यस्मान्नोद्विजते लोको लोकान्नोद्विजते च यः ।
हर्षामर्षभयोद्वेगैर्मुक्तो यः स च मे प्रियः ॥ 15
यस्मान् नोद्विजते लोकः , लोकान् नोद्-विजते च यः ।
हर्षामर्षभयोद्-वेगैः , मुक्तो यस् स च मे प्रियः ॥ 12.15

अनपेक्षः शुचिर्दक्ष उदासीनो गतव्यथः ।
सर्वारम्भपरित्यागी यो मद्भक्तः स मे प्रियः ॥ 16
अनपेक्षश् शुचिर् दक्षः , उदासीनो गतव्यथः ।
सर्वा-रम्भ-परि-त्यागी , यो मद्-भक्तस् स मे प्रियः ॥ 12.16

यो न हृष्यति न द्वेष्टि न शोचति न काङ्क्षति ।
शुभाशुभपरित्यागी भक्तिमान्यः स मे प्रियः ॥ 17
यो न हृष्यति न द्वेष्टि , न शोचति न काङ्क्षति ।
शुभाशुभपरित्यागी , भक्तिमान्यस् स मे प्रियः ॥ 12.17

समः शत्रौ च मित्रे च तथा मानापमानयोः ।
शीतोष्णसुखदुःखेषु समः सङ्गविवर्जितः ॥ 18
समश् शत्रौ च मित्रे च , तथा मानापमानयोः ।
शीतोष्णसुखदुःखेषु , समस् सङ्गविवर्जितः ॥ 12.18

तुल्यनिन्दास्तुतिर्मौनी सन्तुष्टो येन केनचित् ।
अनिकेतः स्थिरमतिर्भक्तिमान्मे प्रियो नरः ॥ 19
तुल्यनिन्दास्तुतिर् मौनी , सन्तुष्टो येन केनचित् ।
अनिकेतस् स्थिरमतिः , भक्तिमान् मे प्रियो नरः ॥ 12.19

ये तु धर्म्यामृतमिदं यथोक्तं पर्युपासते ।
श्रद्दधाना मत्परमा भक्तास्तेऽतीव मे प्रियाः ॥ 20
ये तु धर्म्यामृतम् इदम् , यथोक्तं पर्युपासते ।
श्रद्द-धाना मत्परमाः , भक्तास् तेतीव मे प्रियाः ॥ 12.20

ॐ तत् सत् । इति श्रीमद्भगवद्गीतासु उपनिषत्सु ब्रह्मविद्यायां योगशास्त्रे
श्रीकृष्णार्जुनसंवादे भक्ति-योगो नाम द्वादशोऽध्यायः ॥ 12th ॥

13 Yoga of Matter and Consciousness

ॐ श्री परमात्मने नमः । अथ त्रयोदशोऽध्यायः

Verse as written, with sandhis and conjuncts together
अर्जुन उवाच

प्रकृतिं पुरुषं चैव क्षेत्रं क्षेत्रज्ञमेव च ।
एतद्वेदितुमिच्छामि ज्ञानं ज्ञेयं च केशव ॥

Verse as chanted, pausing at each pada quarter verse
अर्जुन उवाच

प्रकृतिं पुरुषं चैव , क्षेत्रं क्षेत्रज्ञम् एव च ।
एतद् वेदितुम् इच्छामि , ज्ञानं ज्ञेयं च केशव ॥

Some editions of the Gita have this verse.
It changes the verse count from 700 to 701.

श्री भगवानुवाच

इदं शरीरं कौन्तेय क्षेत्रमित्यभिधीयते ।
एतद्यो वेत्ति तं प्राहुः क्षेत्रज्ञ इति तद्विदः ॥ 1

श्री भगवान् उवाच

इदं शरीरं कौन्तेय , क्षेत्रम् इत्यभिधीयते ।
एतद् यो वेत्ति तं प्राहुः , क्षेत्रज्ञ इति तद्-विदः ॥ 13.1

क्षेत्रज्ञं चापि मां विद्धि सर्वक्षेत्रेषु भारत ।
क्षेत्रक्षेत्रज्ञयोर्ज्ञानं यत्तज्ज्ञानं मतं मम ॥ 2
क्षेत्रज्ञं चापि मां विद्धि , सर्वक्षेत्रेषु भारत ।
क्षेत्रक्षेत्रज्ञयोर् ज्ञानम् , यत् तज् ज्ञानं मतं मम ॥ 13.2

तत्क्षेत्रं यच्च यादृक्च यद्विकारि यतश्च यत् ।
स च यो यत्प्रभावश्च तत् समासेन मे शृणु ॥ 3
तत् क्षेत्रं यच् च यादृक् च , यद्विकारि यतश्च यत् ।
स च यो यत्प्रभावश् च , तत् समासेन मे शृणु ॥ 13.3

ऋषिभिर्बहुधा गीतं छन्दोभिर्विविधैः पृथक् ।
ब्रह्मसूत्रपदैश्चैव हेतुमद्भिर्विनिश्चितैः ॥ 4
ऋषिभिर् बहुधा गीतम् , छन्दोभिर् विविधैः पृथक् ।
ब्रह्मसूत्रपदैश् चैव , हेतुमद्भिर् विनिश्चितैः ॥ 13.4

महाभूतान्यहङ्कारो बुद्धिरव्यक्तमेव च ।
इन्द्रियाणि दशैकं च पञ्च चेन्द्रियगोचराः ॥ 5
महाभूतान्यहङ्कारः , बुद्धिर् अव्यक्तम् एव च ।
इन्द्रियाणि दशैकञ् च , पञ्च चेन्द्रिय-गोचराः ॥ 13.5

इच्छा द्वेषः सुखं दुःखं सङ्घातश्चेतना धृतिः ।
एतत्क्षेत्रं समासेन सविकारमुदाहृतम् ॥ 6
इच्छा द्वेषस् सुखं दुःखम् , सङ्घातश् चेतना धृतिः ।
एतत् क्षेत्रं समासेन , सविकारम् उदाहृतम् ॥ 13.6

अमानित्वमदम्भित्वमहिंसा क्षान्तिरार्जवम् ।
आचार्योपासनं शौचं स्थैर्यमात्मविनिग्रहः ॥ 7
अमानित्वम् अदम्भित्वम् , अहिंसा क्षान्तिर् आर्जवम् ।
आचार्योपासनं शौचम् , स्थैर्यम् आत्मविनिग्रहः ॥ 13.7

इन्द्रियार्थेषु वैराग्यमनहङ्कार एव च ।
जन्ममृत्युजराव्याधिदुःखदोषानुदर्शनम् ॥ 8
इन्द्रियार्थेषु वैराग्यम् , अनहङ्कार एव च ।
जन्ममृत्युजराव्याधि--दुःखदोषानुदर्शनम् ॥ 13.8

असक्तिरनभिष्वङ्गः पुत्रदारगृहादिषु ।
नित्यं च समचित्तत्वमिष्टानिष्टोपपत्तिषु ॥ 9
असक्तिर् अनभिष्वङ्गः , पुत्र-दार-गृहादिषु ।
नित्यञ् च समचित्तत्वम् , इष्टानिष्टोपपत्तिषु ॥ 13.9

मयि चानन्ययोगेन भक्तिरव्यभिचारिणी ।
विविक्तदेशसेवित्वमरतिर्जनसंसदि ॥ 10
मयि चानन्य-योगेन , भक्तिर् अव्यभिचारिणी ।
विविक्तदेशसेवित्वम् , अरतिर् जनसंसदि ॥ 13.10

अध्यात्मज्ञाननित्यत्वं तत्त्वज्ञानार्थदर्शनम् ।
एतज्ज्ञानमिति प्रोक्तमज्ञानं यदतोऽन्यथा ॥ 11
अध्यात्म-ज्ञान-नित्यत्वम् , तत्त्व-ज्ञानार्थ-दर्शनम् ।
एतज् ज्ञानम् इति प्रोक्तम् , अज्ञानं यदतोन्यथा ॥ 13.11

ज्ञेयं यत्तत्प्रवक्ष्यामि यज्ज्ञात्वाऽमृतम् अश्नुते ।
अनादिमत्परं ब्रह्म न सत्तन्नासदुच्यते ॥ 12
ज्ञेयं यत् तत् प्रवक्ष्यामि , यज् ज्ञात्वामृतम् अश्नुते ।
अनादिमत् परं ब्रह्म , न सत् तन् न असद् उच्यते ॥ 13.12

सर्वतः पाणिपादं तत्सर्वतोऽक्षिशिरोमुखम् ।
सर्वतः श्रुतिमल्लोके सर्वमावृत्य तिष्ठति ॥ 13
सर्वतᳶ पाणिपादं तत् , सर्वतोक्षि-शिरोमुखम् ।
सर्वतश् श्रुतिमल्लोके , सर्वम् आवृत्य तिष्ठति ॥ 13.13

सर्वेन्द्रियगुणाभासं सर्वेन्द्रियविवर्जितम् ।
असक्तं सर्वभृच्चैव निर्गुणं गुणभोक्तृ च ॥ 14
सर्वेन्द्रिय-गुणाभासम् , सर्वेन्द्रिय-विवर्जितम् ।
असक्तं सर्वभृच् चैव , निर्गुणं गुणभोक्तृ च ॥ 13.14

बहिरन्तश्च भूतानामचरं चरमेव च ।
सूक्ष्मत्वात्तदविज्ञेयं दूरस्थं चान्तिके च तत् ॥ 15
बहिर् अन्तश्च भूतानाम् , अचरं चरम् एव च ।
सूक्ष्मत्वात् तद् अविज्ञेयम् , दूरस्थं चान्तिके च तत् ॥ 13.15

अविभक्तं च भूतेषु विभक्तमिव च स्थितम् ।
भूतभर्तृ च तज्ज्ञेयं ग्रसिष्णु प्रभविष्णु च ॥ 16
अविभक्तं च भूतेषु , विभक्तम् इव च स्थितम् ।
भूतभर्तृ च तज् ज्ञेयम् , ग्रसिष्णु प्रभविष्णु च ॥ 13.16

ज्योतिषामपि तज्ज्योतिस्तमसः परमुच्यते ।
ज्ञानं ज्ञेयं ज्ञानगम्यं हृदि सर्वस्य विष्ठितम् ॥ 17
ज्योतिषाम् अपि तज् ज्योतिः , तमसᳵ परम् उच्यते ।
ज्ञानं ज्ञेयं ज्ञानगम्यम् , हृदि सर्वस्य विष्ठितम् ॥ 13.17

इति क्षेत्रं तथा ज्ञानं ज्ञेयं चोक्तं समासतः ।
मद्भक्त एतद्विज्ञाय मद्भावायोपपद्यते ॥ 18
इति क्षेत्रं तथा ज्ञानम् , ज्ञेयं चोक्तं समासतः ।
मद्भक्त एतद् विज्ञाय , मद्-भावायोप-पद्यते ॥ 13.18

प्रकृतिं पुरुषं चैव विद्ध्यनादी उभावपि ।
विकारांश्च गुणांश्चैव विद्धि प्रकृतिसम्भवान् ॥ 19
प्रकृतिं पुरुषञ् चैव , विद्ध्यनादी उभावपि ।
विकारांश्च गुणांश् चैव , विद्धि प्रकृतिसम्भवान् ॥ 13.19

कार्यकरणकर्तृत्वे हेतुः प्रकृतिरुच्यते ।
पुरुषः सुखदुःखानां भोक्तृत्वे हेतुरुच्यते ॥ 20
कार्यकरणकर्तृत्वे , हेतुᳵ प्रकृतिर् उच्यते ।
पुरुषस् सुखदुःखानाम् , भोक्तृत्वे हेतुर् उच्यते ॥ 13.20

पुरुषः प्रकृतिस्थो हि भुङ्क्ते प्रकृतिजान्गुणान् ।
कारणं गुणसङ्गोऽस्य सदसद्योनिजन्मसु ॥ 21
पुरुषः प्रकृतिस्थो हि , भुङ्क्ते प्रकृतिजान् गुणान् ।
कारणं गुणसङ्गोस्य , सद्-असद्-योनिजन्मसु ॥ 13.21

उपद्रष्टाऽनुमन्ता च भर्ता भोक्ता महेश्वरः ।
परमात्मेति चाप्युक्तो देहेऽस्मिन्पुरुषः परः ॥ 22
उप-द्रष्टानुमन्ता च , भर्ता भोक्ता महेश्वरः ।
परमात्मेति चाप्युक्तः , देहेस्मिन् पुरुषः परः ॥ 13.22

य एवं वेत्ति पुरुषं प्रकृतिं च गुणैः सह ।
सर्वथा वर्तमानोऽपि न स भूयोऽभिजायते ॥ 23
य एवं वेत्ति पुरुषम् , प्रकृतिञ् च गुणैस् सह ।
सर्वथा वर्तमानोपि , न स भूयोभिजायते ॥ 13.23

ध्यानेनात्मनि पश्यन्ति केचिदात्मानमात्मना ।
अन्ये साङ्ख्येन योगेन कर्मयोगेन चापरे ॥ 24
ध्यानेनात्मनि पश्यन्ति , केचिद् आत्मानमात्मना ।
अन्ये साङ्ख्येन योगेन , कर्मयोगेन चापरे ॥ 13.24

अन्ये त्वेवमजानन्तः श्रुत्वाऽन्येभ्य उपासते ।
तेऽपि चातितरन्त्येव मृत्युं श्रुतिपरायणाः ॥ 25
अन्ये त्वेवम् अजानन्तः , श्रुत्वान्येभ्य उपासते ।
तेपि चातितरन्-त्येव , मृत्युं श्रुतिपरायणाः ॥ 13.25

यावत्सञ्जायते किञ्चित्सत्त्वं स्थावरजङ्गमम् ।
क्षेत्रक्षेत्रज्ञसंयोगात्तद्विद्धि भरतर्षभ ॥ 26
यावत् सञ्जायते किञ्चित् , सत्त्वं स्थावर-जङ्गमम् ।
क्षेत्रक्षेत्रज्ञ-संयोगात् , तद् विद्धि भरतर्षभ ॥ 13.26

समं सर्वेषु भूतेषु तिष्ठन्तं परमेश्वरम् ।
विनश्यत्स्वविनश्यन्तं यः पश्यति स पश्यति ॥ 27
समं सर्वेषु भूतेषु , तिष्ठन्तं परमेश्वरम् ।
विनश्यत्-स्व-विनश्यन्तम् , यः पश्यति स पश्यति ॥ 13.27

समं पश्यन्हि सर्वत्र समवस्थितमीश्वरम् ।
न हिनस्त्यात्मनाऽऽत्मानं ततो याति परां गतिम् ॥ 28
समं पश्यन् हि सर्वत्र , समवस्थितम् ईश्वरम् ।
न हिनस्त्यात्-मनात्मानम् , ततो याति परां गतिम् ॥ 13.28

प्रकृत्यैव च कर्माणि क्रियमाणानि सर्वशः ।
यः पश्यति तथाऽऽत्मानमकर्तारं स पश्यति ॥ 29
प्रकृत्यैव च कर्माणि , क्रियमाणानि सर्वशः ।
यः पश्यति तथात्मानम् , अकर्तारं स पश्यति ॥ 13.29

यदा भूतपृथग्भावमेकस्थमनुपश्यति ।
तत एव च विस्तारं ब्रह्म सम्पद्यते तदा ॥ 30
यदा भूतपृथग्भावम् , एकस्थम् अनुपश्यति ।
तत एव च विस्तारम् , ब्रह्म सम्पद्यते तदा ॥ 13.30

अनादित्वान्निर्गुणत्वात्परमात्माऽयमव्ययः ।
शरीरस्थोऽपि कौन्तेय न करोति न लिप्यते ॥ 31
अनादित्वान् निर्गुणत्वात् , परमात्मा अयम् अव्ययः ।
शरीरस्थोपि कौन्तेय , न करोति न लिप्यते ॥ 13.31

यथा सर्वगतं सौक्ष्म्यादाकाशं नोपलिप्यते ।
सर्वत्रावस्थितो देहे तथाऽऽत्मा नोपलिप्यते ॥ 32
यथा सर्वगतं सौक्ष्म्यात् , आकाशं नोपलिप्यते ।
सर्वत्रावस्थितो देहे , तथात्मा नोपलिप्यते ॥ 13.32

यथा प्रकाशयत्येकः कृत्स्नं लोकमिमं रविः ।
क्षेत्रं क्षेत्री तथा कृत्स्नं प्रकाशयति भारत ॥ 33
यथा प्रकाशयत्येकः , कृत्स्नं लोकम् इमं रविः ।
क्षेत्रं क्षेत्री तथा कृत्स्नम् , प्रकाशयति भारत ॥ 13.33

क्षेत्रक्षेत्रज्ञयोरेवमन्तरं ज्ञानचक्षुषा ।
भूतप्रकृतिमोक्षं च ये विदुर्यान्ति ते परम् ॥ 34
क्षेत्रक्षेत्रज्ञयोर् एवम् , अन्तरं ज्ञानचक्षुषा ।
भूतप्रकृतिमोक्षञ् च , ये विदुर् यान्ति ते परम् ॥ 13.34

ॐ तत् सत् ।
इति श्रीमद्भगवद्गीतासु उपनिषत्सु ब्रह्मविद्यायां योगशास्त्रे श्रीकृष्णार्जुनसंवादे क्षेत्र-क्षेत्रज्ञ-विभाग-योगो नाम त्रयोदशोऽध्यायः ॥ 13th ॥

14 Yoga of Three Creative Energies

ॐ श्री परमात्मने नमः । अथ चतुर्दशोऽध्यायः

Verse as written, with sandhis and conjuncts together

श्री भगवानु उवाच

परं भूयः प्रवक्ष्यामि ज्ञानानां ज्ञानमुत्तमम् ।
यज्ज्ञात्वा मुनयः सर्वे परां सिद्धिमितो गताः ॥ 1

Verse as chanted, pausing at each pada quarter verse

श्री भगवानु उवाच

परं भूयᳲ प्रवक्ष्यामि , ज्ञानानां ज्ञानम् उत्तमम् ।
यज् ज्ञात्वा मुनयस् सर्वे , परां सिद्धिम् इतो गताः ॥ 14.1

इदं ज्ञानमुपाश्रित्य मम साधर्म्यमागताः ।
सर्गेऽपि नोपजायन्ते प्रलये न व्यथन्ति च ॥ 2
इदं ज्ञानम् उपाश्रित्य , मम साधर्म्यम् आगताः ।
सर्गेपि नोपजायन्ते , प्रलये न व्यथन्ति च ॥ 14.2

मम योनिर्महद्ब्रह्म तस्मिन् गर्भं दधाम्यहम् ।
सम्भवः सर्वभूतानां ततो भवति भारत ॥ 3
मम योनिर् महद् ब्रह्म , तस्मिन् गर्भं दधाम्यहम् ।
सम्भवस् सर्वभूतानाम् , ततो भवति भारत ॥ 14.3

सर्वयोनिषु कौन्तेय मूर्तयः सम्भवन्ति याः ।
तासां ब्रह्म महद्योनिरहं बीजप्रदः पिता ॥ 4
सर्वयोनिषु कौन्तेय , मूर्तयस् सम्भवन्ति याः ।
तासां ब्रह्म महद् योनिः , अहं बीजप्रदᳲ पिता ॥ 14.4

सत्त्वं रजस्तम इति गुणाः प्रकृतिसम्भवाः ।
निबध्नन्ति महाबाहो देहे देहिनमव्ययम् ॥ 5
सत्त्वं रजस् तम इति , गुणाः प्रकृतिसम्भवाः ।
निबध्नन्ति महाबाहो , देहे देहिनम् अव्ययम् ॥ 14.5

तत्र सत्त्वं निर्मलत्वात्प्रकाशकमनामयम् ।
सुखसङ्गेन बध्नाति ज्ञानसङ्गेन चानघ ॥ 6
तत्र सत्त्वं निर्मलत्वात् , प्रकाशकम् अनामयम् ।
सुखसङ्गेन बध्नाति , ज्ञानसङ्गेन चानघ ॥ 14.6

रजो रागात्मकं विद्धि तृष्णासङ्गसमुद्भवम् ।
तन्निबध्नाति कौन्तेय कर्मसङ्गेन देहिनम् ॥ 7
रजो रागात्मकं विद्धि , तृष्णा-सङ्गसमुद्भवम् ।
तन् निबध्नाति कौन्तेय , कर्मसङ्गेन देहिनम् ॥ 14.7

तमस्त्वज्ञानजं विद्धि मोहनं सर्वदेहिनाम् ।
प्रमादालस्यनिद्राभिस्तन्निबध्नाति भारत ॥ 8
तमस् त्वज्ञानजं विद्धि , मोहनं सर्वदेहिनाम् ।
प्रमादालस्यनिद्राभिः , तन् निबध्नाति भारत ॥ 14.8

सत्त्वं सुखे सञ्जयति रजः कर्मणि भारत ।
ज्ञानमावृत्य तु तमः प्रमादे सञ्जयत्युत ॥ 9
सत्त्वं सुखे सञ्जयति , रजः कर्मणि भारत ।
ज्ञानम् आवृत्य तु तमः , प्रमादे सञ्जयत्युत ॥ 14.9

रजस्तमश्चाभिभूय सत्त्वं भवति भारत ।
रजः सत्त्वं तमश्चैव तमः सत्त्वं रजस्तथा ॥ 10
रजस् तमश् चाभिभूय , सत्त्वं भवति भारत ।
रजस् सत्त्वं तमश् चैव , तमस् सत्त्वं रजस् तथा ॥ 14.10

सर्वद्वारेषु देहेऽस्मिन्प्रकाश उपजायते ।
ज्ञानं यदा तदा विद्याद्विवृद्धं सत्त्वमित्युत ॥ 11
सर्वद्वारेषु देहेस्मिन् , प्रकाश उपजायते ।
ज्ञानं यदा तदा विद्यात् , विवृद्धं सत्त्वम् इत्युत ॥ 14.11

लोभः प्रवृत्तिरारम्भः कर्मणामशमः स्पृहा ।
रजस्येतानि जायन्ते विवृद्धे भरतर्षभ ॥ 12
लोभ᳘ प्रवृत्तिरारम्भः , कर्मणाम् अशमस् स्पृहा ।
रजस्येतानि जायन्ते , विवृद्धे भरतर्षभ ॥ 14.12

अप्रकाशोऽप्रवृत्तिश्च प्रमादो मोह एव च ।
तमस्येतानि जायन्ते विवृद्धे कुरुनन्दन ॥ 13
अप्रकाशोप्रवृत्तिश्च , प्रमादो मोह एव च ।
तमस्येतानि जायन्ते , विवृद्धे कुरुनन्दन ॥ 14.13

यदा सत्त्वे प्रवृद्धे तु प्रलयं याति देहभृत् ।
तदोत्तमविदां लोकानमलान्प्रतिपद्यते ॥ 14
यदा सत्त्वे प्रवृद्धे तु , प्रलयं याति देहभृत् ।
तदोत्-तमविदां लोकान् , अमलान् प्रतिपद्यते ॥ 14.14

रजसि प्रलयं गत्वा कर्मसङ्गिषु जायते ।
तथा प्रलीनस्तमसि मूढयोनिषु जायते ॥ 15
रजसि प्रलयं गत्वा , कर्मसङ्गिषु जायते ।
तथा प्रलीनस् तमसि , मूढयोनिषु जायते ॥ 14.15

कर्मणः सुकृतस्याहुः सात्त्विकं निर्मलं फलम् ।
रजसस्तु फलं दुःखमज्ञानं तमसः फलम् ॥ 16
कर्मणस् सुकृतस्याहुः , सात्त्विकं निर्मलं फलम् ।
रजसस् तु फलं दुःखम् , अज्ञानं तमस᳘ फलम् ॥ 14.16

सत्त्वात्सञ्जायते ज्ञानं रजसो लोभ एव च ।
प्रमादमोहौ तमसो भवतोऽज्ञानमेव च ॥ 17
सत्त्वात् सञ्जायते ज्ञानम् , रजसो लोभ एव च ।
प्रमादमोहौ तमसः , भवतोज्ञानम् एव च ॥ 14.17

ऊर्ध्वं गच्छन्ति सत्त्वस्था मध्ये तिष्ठन्ति राजसाः ।
जघन्यगुणवृत्तिस्था अधो गच्छन्ति तामसाः ॥ 18
ऊर्ध्वं गच्छन्ति सत्त्वस्थाः , मध्ये तिष्ठन्ति राजसाः ।
जघन्यगुणवृत्तिस्थाः , अधो गच्छन्ति तामसाः ॥ 14.18

नान्यं गुणेभ्यः कर्तारं यदा द्रष्टाऽनुपश्यति ।
गुणेभ्यश्च परं वेत्ति मद्भावं सोऽधिगच्छति ॥ 19
नान्यं गुणेभ्यᳵ कर्तारम् , यदा द्रष्टा अनुपश्यति ।
गुणेभ्यश्च परं वेत्ति , मद्भावं सोधिगच्छति ॥ 14.19

गुणानेतानतीत्य त्रीन्देही देहसमुद्भवान् ।
जन्ममृत्युजरादुःखैर्विमुक्तोऽमृतमश्नुते ॥ 20
गुणान् एतान् अतीत्य त्रीन् , देही देहसमुद्भवान् ।
जन्ममृत्युजरादुःखैः , विमुक्तोमृतम् अश्नुते ॥ 14.20

अर्जुन उवाच
कैर्लिङ्गैस्त्रीन्गुणानेतानतीतो भवति प्रभो ।
किमाचारः कथं चैतांस्त्रीन्गुणानतिवर्तते ॥ 21
अर्जुन उवाच
कैर् लिङ्गैस् त्रीन् गुणान् एतान् , अतीतो भवति प्रभो ।
किमाचारᳵ कथं चैतान् , त्रीन् गुणान् अतिवर्तते ॥ 14.21

श्री भगवानुवाच
प्रकाशं च प्रवृत्तिं च मोहमेव च पाण्डव ।
न द्वेष्टि सम्प्रवृत्तानि न निवृत्तानि काङ्क्षति ॥ 22

श्री भगवान् उवाच
प्रकाशं च प्रवृत्तिं च , मोहम् एव च पाण्डव ।
न द्वेष्टि सम्प्रवृत्तानि , न निवृत्तानि काङ्क्षति ॥ 14.22

उदासीनवदासीनो गुणैर्यो न विचाल्यते ।
गुणा वर्तन्त इत्येव योऽवतिष्ठति नेङ्गते ॥ 23

उदासीनवदासीनः , गुणैर् यो न विचाल्यते ।
गुणा वर्तन्त इत्येव , योवतिष्ठति नेङ्गते ॥ 14.23

समदुःखसुखः स्वस्थः समलोष्टाश्मकाञ्चनः ।
तुल्यप्रियाप्रियो धीरस्तुल्यनिन्दात्मसंस्तुतिः ॥ 24

समदुःखसुखस् स्वस्थः , समलोष्टाश्मकाञ्चनः ।
तुल्यप्रियाप्रियो धीरः , तुल्यनिन्दात्मसंस्तुतिः ॥ 14.24

मानापमानयोस्तुल्यो तुल्यो मित्रारिपक्षयोः ।
सर्वारम्भपरित्यागी गुणातीतः स उच्यते ॥ 25

मानापमानयोस् तुल्यः , तुल्यो मित्रारिपक्षयोः ।
सर्वारम्भपरित्यागी , गुणातीतस् स उच्यते ॥ 14.25

मां च योऽव्यभिचारेण भक्तियोगेन सेवते ।
स गुणान्समतीत्यैतान्ब्रह्मभूयाय कल्पते ॥ 26

मां च योव्यभिचारेण , भक्तियोगेन सेवते ।
स गुणान् समतीत्यैतान् , ब्रह्मभूयाय कल्पते ॥ 14.26

ब्रह्मणो हि प्रतिष्ठाऽहममृतस्याव्ययस्य च ।
शाश्वतस्य च धर्मस्य सुखस्यैकान्तिकस्य च ॥ 27
ब्रह्मणो हि प्रतिष्ठाहम् , अमृतस्याव्ययस्य च ।
शाश्वतस्य च धर्मस्य , सुखस्यैकान्तिकस्य च ॥ 14.27

ॐ तत् सत् ।
इति श्रीमद्भगवद्गीतासु उपनिषत्सु ब्रह्मविद्यायां योगशास्त्रे श्रीकृष्णार्जुनसंवादे गुण-त्रय-विभाग-योगो नाम चतुर्दशोऽध्यायः ॥ 14th ॥

15 Yoga of The Ideal Man

ॐ श्री परमात्मने नमः । अथ पञ्चदशोऽध्यायः

Verse as written, with sandhis and conjuncts together
श्री भगवानुवाच
ऊर्ध्वमूलमधःशाखमश्वत्थं प्राहुरव्ययम् ।
छन्दांसि यस्य पर्णानि यस्तं वेद स वेदवित् ॥ 1

Verse as chanted, pausing at each pada quarter verse
श्री भगवान् उवाच
ऊर्ध्वमूलम् अधःशाखम् , अश्वत्थं प्राहुर् अव्ययम् ।
छन्दांसि यस्य पर्णानि , यस्तं वेद स वेदवित् ॥ 15.1

अधश्चोर्ध्वं प्रसृतास्तस्य शाखा
गुणप्रवृद्धा विषयप्रवालाः ।
अधश्च मूलान्यनुसन्ततानि
कर्मानुबन्धीनि मनुष्यलोके ॥ 2
अधश् चोर्ध्वं प्रसृतास् तस्य शाखाः ,
गुणप्रवृद्धा विषयप्रवालाः ।
अधश्च मूलान्-यनुसन्ततानि ,
कर्मानुबन्धीनि मनुष्यलोके ॥ 15.2 Trishtup

न रूपमस्येह तथोपलभ्यते
नान्तो न चादिर्न च सम्प्रतिष्ठा ।
अश्वत्थमेनं सुविरूढमूलम्
असङ्गशस्त्रेण दृढेन छित्त्वा ॥ 3
न रूपमस्येह तथोपलभ्यते ,
नान्तो न चादिर् न च सम्प्रतिष्ठा ।
अश्वत्थम् एनं सुविरूढमूलम् ,
असङ्गशस्त्रेण दृढेन छित्-त्वा ॥ 15.3 Trishtup

ततः पदं तत्परिमार्गितव्यम्
यस्मिन्गता न निवर्तन्ति भूयः ।
तमेव चाद्यं पुरुषं प्रपद्ये
यतः प्रवृत्तिः प्रसृता पुराणी ॥ 4
ततᳶ पदं तत् परिमार्गितव्यम् ,
यस्मिन् गता न निवर्तन्ति भूयः ।
तमेव चाद्यं पुरुषं प्रपद्ये ,
यतᳶ प्रवृत्तिᳶ प्रसृता पुराणी ॥ 15.4 Trishtup

निर्मानमोहा जितसङ्गदोषा
अध्यात्मनित्या विनिवृत्तकामाः ।
द्वन्द्वैर्विमुक्ताः सुखदुःखसञ्ज्ञैर्गच्छन्त्यमूढाः पदमव्ययं तत् ॥ 5
निर्मान-मोहा जितसङ्ग-दोषाः ,
अध्यात्मनित्या विनिवृत्तकामाः ।
द्वन्द्वैर् विमुक्तास् सुखदुःखसञ्ज्ञैः ,
गच्छन्त्यमूढाᳶ पदम् अव्ययं तत् ॥ 15.5 Trishtup

न तद्भासयते सूर्यो न शशाङ्को न पावकः ।
यद्गत्वा न निवर्तन्ते तद्धाम परमं मम ॥ 6
न तद्भासयते सूर्यः , न शशाङ्को न पावकः ।
यद्गत्वा न निवर्तन्ते , तद्धाम परमं मम ॥ 15.6

ममैवांशो जीवलोके जीवभूतः सनातनः ।
मनःषष्ठानीन्द्रियाणि प्रकृतिस्थानि कर्षति ॥ 7
ममैवांशो जीवलोके , जीवभूतस् सनातनः ।
मनःषष्ठानि इन्द्रियाणि , प्रकृतिस्थानि कर्षति ॥ 15.7

शरीरं यदवाप्नोति यच्चाप्युत्क्रामतीश्वरः ।
गृहीत्वैतानि संयाति वायुर्गन्धानिवाशयात् ॥ 8
शरीरं यदवाप्नोति , यच् चाप्युत्क्रामतीश्वरः ।
गृहीत्वैतानि संयाति , वायुर् गन्धानिवाशयात् ॥ 15.8

श्रोत्रं चक्षुः स्पर्शनं च रसनं घ्राणम् एव च ।
अधिष्ठाय मनश्चायं विषयानुपसेवते ॥ 9
श्रोत्रं चक्षुस् स्पर्शनञ् च , रसनं घ्राणम् एव च ।
अधिष्ठाय मनश् चायम् , विषयान् उपसेवते ॥ 15.9

उत्क्रामन्तं स्थितं वापि भुञ्जानं वा गुणान्वितम् ।
विमूढा नानुपश्यन्ति पश्यन्ति ज्ञानचक्षुषः ॥ 10
उत्क्रामन्तं स्थितं वापि , भुञ्जानं वा गुणान्-वितम् ।
विमूढा नानुपश्यन्ति , पश्यन्ति ज्ञान-चक्षुषः ॥ 15.10

यतन्तो योगिनश्चैनं पश्यन्त्यात्मन्यवस्थितम् ।
यतन्तोऽप्यकृतात्मानो नैनं पश्यन्त्यचेतसः ॥ 11
यतन्तो योगिनश् चैनम् , पश्यन्-त्यात्-मन्यवस्थितम् ।
यतन्तोप्यकृतात्मानः , नैनं पश्यन्त्यचेतसः ॥ 15.11

यदादित्यगतं तेजो जगद्भासयतेऽखिलम् ।
यच्चन्द्रमसि यच्चाग्नौ तत्तेजो विद्धि मामकम् ॥ 12
यदादित्यगतं तेजः , जगद्-भासयतेखिलम् ।
यच् चन्द्रमसि यच् चाग्नौ , तत् तेजो विद्धि मामकम् ॥ 12

गामाविश्य च भूतानि धारयाम्यहमोजसा ।
पुष्णामि चौषधीः सर्वाः सोमो भूत्वा रसात्मकः ॥ 13
गामाविश्य च भूतानि , धारयाम्यहमोजसा ।
पुष्णामि चौषधीस् सर्वाः , सोमो भूत्वा रसात्मकः ॥ 15.13

अहं वैश्वानरो भूत्वा प्राणिनां देहमाश्रितः ।
प्राणापानसमायुक्तः पचाम्यन्नं चतुर्विधम् ॥ 14
अहं वैश्वानरो भूत्वा , प्राणिनां देहम् आश्रितः ।
प्राणापान-समायुक्तः , पचाम्-यन्नं चतुर्विधम् ॥ 15.14

सर्वस्य चाहं हृदि सन्निविष्टो
मत्तः स्मृतिर्ज्ञानमपोहनं च ।
वेदैश्च सर्वैरहमेव वेद्यो
वेदान्तकृद्वेदविदेव चाहम् ॥ 15
सर्वस्य चाहं हृदि सन्निविष्टः ,
मत्तस् स्मृतिर् ज्ञानम् अपोहनं च ।
वेदैश्च सर्वैर् अहमेव वेद्यः ,
वेदान्तकृद् वेदविदेव चाहम् ॥ 15.15 Trishtup

द्वाविमौ पुरुषौ लोके क्षरश्चाक्षर एव च ।
क्षरः सर्वाणि भूतानि कूटस्थोऽक्षर उच्यते ॥ 16
द्वाविमौ पुरुषौ लोके , क्षरश् चाक्षर एव च ।
क्षरस् सर्वाणि भूतानि , कूटस्थोक्षर उच्यते ॥ 15.16

उत्तमः पुरुषस्त्वन्यः परमात्मेत्युदाहृतः ।
यो लोकत्रयमाविश्य बिभर्त्यव्यय ईश्वरः ॥ 17
उत्तमᳲ पुरुषस् त्वन्यः , परमात्मेत्युदाहृतः ।
यो लोकत्रयमाविश्य , बिभर्-त्यव्-यय ईश्वरः ॥ 15.17

यस्मात्क्षरमतीतोऽहमक्षरादपि चोत्तमः ।
अतोऽस्मि लोके वेदे च प्रथितः पुरुषोत्तमः ॥ 18
यस्मात् क्षरम् अतीतोहम् , अक्षराद् अपि चोत्तमः ।
अतोस्मि लोके वेदे च , प्रथितᳲ पुरुषोत्तमः ॥ 15.18

यो मामेवमसम्मूढो जानाति पुरुषोत्तमम् ।
स सर्वविद्भजति मां सर्वभावेन भारत ॥ 19
यो माम् एवम् असम्मूढः , जानाति पुरुषोत्तमम् ।
स सर्वविद्भजति माम् , सर्वभावेन भारत ॥ 15.19

इति गुह्यतमं शास्त्रमिदमुक्तं मयाऽनघ ।
एतद्बुद्ध्वा बुद्धिमान्स्यात्कृतकृत्यश्च भारत ॥ 20
इति गुह्यतमं शास्त्रम् , इदम् उक्तं मयानघ ।
एतद् बुद्ध्वा बुद्धिमान् स्यात् , कृतकृत्यश् च भारत ॥ 15.20

ॐ तत् सत् ।
इति श्रीमद्भगवद्गीतासु उपनिषत्सु ब्रह्मविद्यायां योगशास्त्रे श्रीकृष्णार्जुनसंवादे पुरुषोत्तम-योगो नाम पञ्चदशोऽध्यायः ॥ 15th ॥

16 Yoga of Good and Bad Habits

ॐ श्री परमात्मने नमः । अथ षोडशोऽध्यायः

Verse as written, with sandhis and conjuncts together

श्री भगवानुवाच

अभयं सत्त्वसंशुद्धिर्ज्ञानयोगव्यवस्थितिः ।
दानं दमश्च यज्ञश्च स्वाध्यायस्तप आर्जवम् ॥ 1

Verse as chanted, pausing at each pada quarter verse

श्री भगवान् उवाच

अभयं सत्त्वसंशुद्धिः , ज्ञानयोगव्यवस्थितिः ।
दानं दमश्च यज्ञश्च , स्वाध्यायस् तप आर्जवम् ॥ 16.1

अहिंसा सत्यमक्रोधस्त्यागः शान्तिरपैशुनम् ।
दया भूतेष्वलोलुप्त्वं मार्दवं ह्रीरचापलम् ॥ 2
अहिंसा सत्यम् अक्रोधः , त्यागश् शान्तिर् अपैशुनम् ।
दया भूतेष्वलोलुप्त्वम् , मार्दवं ह्रीर् अचापलम् ॥ 16.2

तेजः क्षमा धृतिः शौचमद्रोहो नातिमानिता ।
भवन्ति सम्पदं दैवीमभिजातस्य भारत ॥ 3
तेजः क्षमा धृतिश् शौचम् , अद्रोहो नातिमानिता ।
भवन्ति सम्पदं दैवीम् , अभिजातस्य भारत ॥ 16.3

दम्भो दर्पोऽभिमानश्च क्रोधः पारुष्यमेव च ।
अज्ञानं चाभिजातस्य पार्थ सम्पदमासुरीम् ॥ 4
दम्भो दर्पोभिमानश्च , क्रोधᳵ पारुष्यम् एव च ।
अज्ञानं चाभिजातस्य , पार्थ सम्पदम् आसुरीम् ॥ 16.4

दैवी सम्पद्विमोक्षाय निबन्धायासुरी मता ।
मा शुचः सम्पदं दैवीमभिजातोऽसि पाण्डव ॥ 5
दैवी सम्पद् विमोक्षाय , निबन्धायासुरी मता ।
मा शुचस् सम्पदं दैवीम् , अभिजातोसि पाण्डव ॥ 16.5

द्वौ भूतसर्गौ लोकेऽस्मिन्दैव आसुर एव च ।
दैवो विस्तरशः प्रोक्त आसुरं पार्थ मे श्रृणु ॥ 6
द्वौ भूतसर्गौ लोकेस्मिन् , दैव आसुर एव च ।
दैवो विस्तरशᳶ प्रोक्तः , आसुरं पार्थ मे श्रृणु ॥ 16.6

प्रवृत्तिं च निवृत्तिं च जना न विदुरासुराः ।
न शौचं नापि चाचारो न सत्यं तेषु विद्यते ॥ 7
प्रवृत्तिं च निवृत्तिं च , जना न विदुर् आसुराः ।
न शौचं नापि चाचारः , न सत्यं तेषु विद्यते ॥ 16.7

असत्यमप्रतिष्ठं ते जगदाहुरनीश्वरम् ।
अपरस्परसम्भूतं किमन्यत्कामहैतुकम् ॥ 8
असत्यम् अप्रतिष्ठं ते , जगद् आहुर् अनीश्वरम् ।
अपरस्-पर-सम्भूतम् , किम् अन्यत् कामहैतुकम् ॥ 16.8

एतां दृष्टिमवष्टभ्य नष्टात्मानोऽल्पबुद्धयः ।
प्रभवन्त्युग्रकर्माणः क्षयाय जगतोऽहिताः ॥ 9
एतां दृष्टिम् अवष्टभ्य , नष्टात्मानोल्पबुद्धयः ।
प्रभवन्त्युग्रकर्माणः , क्षयाय जगतोहिताः ॥ 16.9

काममाश्रित्य दुष्पूरं दम्भमानमदान्विताः ।
मोहाद्गृहीत्वाऽसद्ग्राहान्प्रवर्तन्तेऽशुचिव्रताः ॥ 10
कामम् आश्रित्य दुष्पूरम् , दम्भमानमदान्विताः ।
मोहाद् गृहीत्वा असद्-ग्राहान् , प्रवर्तन्तेशुचिव्रताः ॥ 16.10

चिन्तामपरिमेयां च प्रलयान्तामुपाश्रिताः ।
कामोपभोगपरमा एतावदिति निश्चिताः ॥ 11
चिन्ताम् अपरिमेयाञ् च , प्रलयान्ताम् उपाश्रिताः ।
कामोपभोगपरमाः , एतावद् इति निश्चिताः ॥ 16.11

आशापाशशतैर्बद्धाः कामक्रोधपरायणाः ।
ईहन्ते कामभोगार्थमन्यायेनार्थसञ्चयान् ॥ 12
आशापाशशतैर् बद्धाः , कामक्रोधपरायणाः ।
ईहन्ते कामभोगार्थम् , अन्यायेनार्थसञ्चयान् ॥ 16.12

इदमद्य मया लब्धमिमं प्राप्स्ये मनोरथम् ।
इदमस्तीदमपि मे भविष्यति पुनर्धनम् ॥ 13
इदम् अद्य मया लब्धम् , इमं प्राप्स्ये मनोरथम् ।
इदम् अस्तीदम् अपि मे , भविष्यति पुनर् धनम् ॥ 16.13

असौ मया हतः शत्रुर्हनिष्ये चापरानपि ।
ईश्वरोऽहमहं भोगी सिद्धोऽहं बलवान्सुखी ॥ 14
असौ मया हतश् शत्रुः , हनिष्ये चापरान् अपि ।
ईश्वरोहम् अहं भोगी , सिद्धोहं बलवान् सुखी ॥ 16.14

आढ्योऽभिजनवानस्मि कोऽन्योऽस्ति सदृशो मया ।
यक्ष्ये दास्यामि मोदिष्य इत्यज्ञानविमोहिताः ॥ 15
आढ्योभिजनवान् अस्मि , कोन्योस्ति सदृशो मया ।
यक्ष्ये दास्यामि मोदिष्ये , इत्यज्ञानविमोहिताः ॥ 16.15

अनेकचित्तविभ्रान्ता मोहजालसमावृताः ।
प्रसक्ताः कामभोगेषु पतन्ति नरकेऽशुचौ ॥ 16
अनेकचित्तविभ्रान्ताः , मोहजालसमावृताः ।
प्रसक्ताᳵ कामभोगेषु , पतन्ति नरकेशुचौ ॥ 16.16

आत्मसम्भाविताः स्तब्धा धनमानमदान्विताः ।
यजन्ते नामयज्ञैस्ते दम्भेनाविधिपूर्वकम् ॥ 17
आत्मसम्भावितास् स्तब्धाः , धनमानमदान्विताः ।
यजन्ते नामयज्ञैस् ते , दम्भेनाविधिपूर्वकम् ॥ 16.17

अहङ्कारं बलं दर्पं कामं क्रोधं च संश्रिताः ।
मामात्मपरदेहेषु प्रद्विषन्तोऽभ्यसूयकाः ॥ 18
अहङ्कारं बलं दर्पम् , कामं क्रोधञ् च संश्रिताः ।
माम् आत्मपरदेहेषु , प्रद्विषन्तोभ्यसूयकाः ॥ 16.18

तानहं द्विषतः क्रूरान्संसारेषु नराधमान् ।
क्षिपाम्यजस्रमशुभानासुरीष्वेव योनिषु ॥ 19
तान् अहं द्विषतः क्रूरान् , संसारेषु नराधमान् ।
क्षिपाम्यजस्रम् अशुभान् , आसुरीष्वेव योनिषु ॥ 16.19

आसुरीं योनिमापन्ना मूढा जन्मनि जन्मनि ।
मामप्राप्यैव कौन्तेय ततो यान्त्यधमां गतिम् ॥ 20
आसुरीं योनिमापन्नाः , मूढा जन्मनि जन्मनि ।
माम् अप्राप्यैव कौन्तेय , ततो यान्त्यधमां गतिम् ॥ 16.20

त्रिविधं नरकस्येदं द्वारं नाशनमात्मनः ।
कामः क्रोधस्तथा लोभस्तस्मादेतत्त्रयं त्यजेत् ॥ 21
त्रिविधं नरकस्येदम् , द्वारं नाशनम् आत्मनः ।
कामः क्रोधस् तथा लोभः , तस्माद् एतत् त्रयं त्यजेत् ॥ 16.21

एतैर्विमुक्तः कौन्तेय तमोद्वारैस्त्रिभिर्नरः ।
आचरत्यात्मनः श्रेयस्ततो याति परां गतिम् ॥ 22
एतैर् विमुक्तः कौन्तेय , तमोद्वारैस् त्रिभिर् नरः ।
आचरत्यात्मनश् श्रेयः , ततो याति परां गतिम् ॥ 16.22

यः शास्त्रविधिमुत्सृज्य वर्तते कामकारतः ।
न स सिद्धिमवाप्नोति , न सुखं न परां गतिम् ॥ 23
यश् शास्त्रविधिम् उत्सृज्य , वर्तते कामकारतः ।
न स सिद्धिम् अवाप्नोति , न सुखं न परां गतिम् ॥ 16.23

तस्माच्छास्त्रं प्रमाणं ते कार्याकार्यव्यवस्थितौ ।
ज्ञात्वा शास्त्रविधानोक्तं कर्म कर्तुमिहार्हसि ॥ 24
तस्माच् छास्त्रं प्रमाणं ते , कार्याकार्यव्यवस्थितौ ।
ज्ञात्वा शास्त्रविधानोक्तम् , कर्म कर्तुम् इहार्हसि ॥ 16.24

ॐ तत् सत् ।
इति श्रीमद्भगवद्गीतासु उपनिषत्सु ब्रह्मविद्यायां योगशास्त्रे श्रीकृष्णार्जुनसंवादे दैवासुर-सम्पद्-विभाग-योगो नाम षोडशोऽध्यायः ॥ 16th ॥

17 Yoga of Sattva Rajas Tamas

ॐ श्री परमात्मने नमः । अथ सप्तदशोऽध्यायः

Verse as written, with sandhis and conjuncts together

अर्जुन उवाच

ये शास्त्रविधिमुत्सृज्य यजन्ते श्रद्धयाऽन्विताः ।
तेषां निष्ठा तु का कृष्ण सत्त्वमाहो रजस्तमः ॥ 1

Verse as chanted, pausing at each pada quarter verse

अर्जुन उवाच

ये शास्त्रविधिम् उत्सृज्य , यजन्ते श्रद्धयान्विताः ।
तेषां निष्ठा तु का कृष्ण , सत्त्वम् आहो रजस् तमः ॥ 17.1

श्री भगवान् उवाच

त्रिविधा भवति श्रद्धा देहिनां सा स्वभावजा ।
सात्त्विकी राजसी चैव तामसी चेति तां शृणु ॥ 2

श्री भगवान् उवाच

त्रिविधा भवति श्रद्धा , देहिनां सा स्वभावजा ।
सात्त्विकी राजसी चैव , तामसी चेति तां शृणु ॥ 17.2

सत्त्वानुरूपा सर्वस्य श्रद्धा भवति भारत ।
श्रद्धामयोऽयं पुरुषो यो यच्छ्रद्धः स एव सः ॥ 3
सत्त्वानुरूपा सर्वस्य , श्रद्धा भवति भारत ।
श्रद्धामयोयं पुरुषः , यो यच्छ्रद्धस् स एव सः ॥ 17.3

यजन्ते सात्त्विका देवान्यक्षरक्षांसि राजसाः ।
प्रेतान्भूतगणांश्चान्ये यजन्ते तामसा जनाः ॥ 4
यजन्ते सात्त्विका देवान् , यक्षरक्षांसि राजसाः ।
प्रेतान् भूतगणांश्चान्ये , यजन्ते तामसा जनाः ॥ 17.4

अशास्त्रविहितं घोरं तप्यन्ते ये तपो जनाः ।
दम्भाहङ्कारसंयुक्ताः कामरागबलान्विताः ॥ 5
अशास्त्र-विहितं घोरम् , तप्यन्ते ये तपो जनाः ।
दम्भाहङ्कारसंयुक्ताः , कामरागबलान्विताः ॥ 17.5

कर्शयन्तः शरीरस्थं भूतग्राममचेतसः ।
मां चैवान्तःशरीरस्थं तान्विद्ध्यासुरनिश्चयान् ॥ 6
कर्शयन्तश् शरीरस्थम् , भूतग्रामम् अचेतसः ।
मां चैवान्तःशरीरस्थम् , तान् विद्ध्यासुरनिश्चयान् ॥ 17.6

आहारस्त्वपि सर्वस्य त्रिविधो भवति प्रियः ।
यज्ञस्तपस्तथा दानं तेषां भेदमिमं शृणु ॥ 7
आहारस् त्वपि सर्वस्य , त्रिविधो भवति प्रियः ।
यज्ञस् तपस् तथा दानम् , तेषां भेदम् इमं शृणु ॥ 17.7

आयुःसत्त्वबलारोग्यसुखप्रीतिविवर्धनाः ।
रस्याः स्निग्धाः स्थिरा हृद्या आहाराः सात्त्विकप्रियाः ॥ 8
आयुःसत्त्वबलारोग्य-सुखप्रीतिविवर्धनाः ।
रस्यास् स्निग्धास् स्थिरा हृद्याः , आहारास् सात्त्विकप्रियाः ॥ 17.8

कट्वम्ललवणात्युष्णतीक्ष्णरूक्षविदाहिनः ।
आहारा राजसस्येष्टा दुःखशोकामयप्रदाः ॥ 9
कट्वम्ललवणात्युष्ण–तीक्ष्णरूक्षविदाहिनः ।
आहारा राजसस्येष्टाः , दुःखशोकामयप्रदाः ॥ 17.9

यातयामं गतरसं पूति पर्युषितं च यत् ।
उच्छिष्टमपि चामेध्यं भोजनं तामसप्रियम् ॥ 10
यातयामं गतरसम् , पूति पर्युषितं च यत् ।
उच्छिष्टम् अपि चामेध्यम् , भोजनं तामसप्रियम् ॥ 17.10

अफलाकाङ्क्षिभिर्यज्ञो विधिदृष्टो य इज्यते ।
यष्टव्यमेवेति मनः समाधाय स सात्त्विकः ॥ 11
अफलाकाङ्क्षिभिर् यज्ञः , विधिदृष्टो य इज्यते ।
यष्टव्यम् एवेति मनः , समाधाय स सात्त्विकः ॥ 17.11

अभिसन्धाय तु फलं दम्भार्थमपि चैव यत् ।
इज्यते भरतश्रेष्ठ तं यज्ञं विद्धि राजसम् ॥ 12
अभिसन्धाय तु फलम् , दम्भार्थम् अपि चैव यत् ।
इज्यते भरतश्रेष्ठ , तं यज्ञं विद्धि राजसम् ॥ 17.12

विधिहीनमसृष्टान्नं मन्त्रहीनमदक्षिणम् ।
श्रद्धाविरहितं यज्ञं तामसं परिचक्षते ॥ 13
विधिहीनम् असृष्टान्नम् , मन्त्रहीनम् अदक्षिणम् ।
श्रद्धाविरहितं यज्ञम् , तामसं परिचक्षते ॥ 17.13

देवद्विजगुरुप्राज्ञपूजनं शौचमार्जवम् ।
ब्रह्मचर्यमहिंसा च शारीरं तप उच्यते ॥ 14
देवद्विजगुरुप्राज्ञ--पूजनं शौचम् आर्जवम् ।
ब्रह्मचर्यम् अहिंसा च , शारीरं तप उच्यते ॥ 17.14

अनुद्वेगकरं वाक्यं सत्यं प्रियहितं च यत् ।
स्वाध्यायाभ्यसनं चैव वाङ्मयं तप उच्यते ॥ 15
अनुद्वेगकरं वाक्यम् , सत्यं प्रियहितं च यत् ।
स्वाध्यायाभ्यसनञ् चैव , वाङ्मयं तप उच्यते ॥ 17.15

मनःप्रसादः सौम्यत्वं मौनमात्मविनिग्रहः ।
भावसंशुद्धिरित्येतत्तपो मानसमुच्यते ॥ 16
मनᳲप्रसादस् सौम्यत्वम् , मौनम् आत्मविनिग्रहः ।
भावसंशुद्धिर् इत्येतत् , तपो मानसम् उच्यते ॥ 17.16

श्रद्धया परया तप्तं तपस्तत्त्रिविधं नरैः ।
अफलाकाङ्क्षिभिर्युक्तैः सात्त्विकं परिचक्षते ॥ 17
श्रद्धया परया तप्तम् , तपस् तत् त्रिविधं नरैः ।
अफलाकाङ्क्षिभिर् युक्तैः , सात्त्विकं परिचक्षते ॥ 17.17

सत्कारमानपूजार्थं तपो दम्भेन चैव यत् ।
क्रियते तदिह प्रोक्तं राजसं चलमध्रुवम् ॥ 18
सत्कारमानपूजार्थम् , तपो दम्भेन चैव यत् ।
क्रियते तद् इह प्रोक्तम् , राजसं चलम् अध्रुवम् ॥ 17.18

मूढग्राहेणात्मनो यत्पीडया क्रियते तपः ।
परस्योत्सादनार्थं वा तत्तामसमुदाहृतम् ॥ 19
मूढग्राहेणात्मनो यत् , पीडया क्रियते तपः ।
परस्योत्सादनार्थं वा , तत् तामसम् उदाहृतम् ॥ 17.19

दातव्यमिति यद्दानं दीयतेऽनुपकारिणे ।
देशे काले च पात्रे च तद्दानं सात्त्विकं स्मृतम् ॥ 20
दातव्यम् इति यद् दानम् , दीयतेनुपकारिणे ।
देशे काले च पात्रे च , तद् दानं सात्त्विकं स्मृतम् ॥ 17.20

यत्तु प्रत्युपकारार्थं फलमुद्दिश्य वा पुनः ।
दीयते च परिक्लिष्टं तद्दानं राजसं स्मृतम् ॥ 21
यत् तु प्रत्युपकारार्थम् , फलम् उद्दिश्य वा पुनः ।
दीयते च परिक्लिष्टम् , तद् दानं राजसं स्मृतम् ॥ 17.21

अदेशकाले यद्दानमपात्रेभ्यश्च दीयते ।
असत्कृतमवज्ञातं तत्तामसमुदाहृतम् ॥ 22
अदेशकाले यद् दानम् , अपात्रेभ्यश्च दीयते ।
असत्कृतम् अवज्ञातम् , तत् तामसम् उदाहृतम् ॥ 17.22

ॐ तत्सदिति निर्देशो ब्रह्मणस्त्रिविधः स्मृतः ।
ब्राह्मणास्तेन वेदाश्च यज्ञाश्च विहिताः पुरा ॥ 23
ॐ तत् सद् इति निर्देशः , ब्रह्मणस् त्रिविधस् स्मृतः ।
ब्राह्मणास् तेन वेदाश्च , यज्ञाश्च विहिताः पुरा ॥ 17.23

तस्मादोमित्युदाहृत्य यज्ञदानतपःक्रियाः ।
प्रवर्तन्ते विधानोक्ताः सततं ब्रह्मवादिनाम् ॥ 24
तस्माद् ॐ इत्युदाहृत्य , यज्ञदानतपःक्रियाः ।
प्रवर्तन्ते विधानोक्ताः , सततं ब्रह्मवादिनाम् ॥ 17.24

तदित्यनभिसन्धाय फलं यज्ञतपःक्रियाः ।
दानक्रियाश्च विविधाः क्रियन्ते मोक्षकाङ्क्षिभिः ॥ 25
तद् इत्यनभिसन्धाय , फलं यज्ञतपःक्रियाः ।
दानक्रियाश्च विविधाः , क्रियन्ते मोक्षकाङ्क्षिभिः ॥ 17.25

सद्भावे साधुभावे च सदित्येतत्प्रयुज्यते ।
प्रशस्ते कर्मणि तथा सच्छब्दः पार्थ युज्यते ॥ 26
सद्भावे साधुभावे च , सद् इत्येतत् प्रयुज्यते ।
प्रशस्ते कर्मणि तथा , सच् छब्दः पार्थ युज्यते ॥ 17.26

यज्ञे तपसि दाने च स्थितिः सदिति चोच्यते ।
कर्म चैव तदर्थीयं सदित्येवाभिधीयते ॥ 27
यज्ञे तपसि दाने च , स्थितिस् सद् इति चोच्यते ।
कर्म चैव तदर्थीयम् , सद् इत्येवाभिधीयते ॥ 17.27

अश्रद्धया हुतं दत्तं तपस्तप्तं कृतं च यत् ।
असदित्युच्यते पार्थ न च तत्प्रेत्य नो इह ॥ 28
अश्रद्धया हुतं दत्तम् , तपस् तप्तं कृतञ् च यत् ।
असद् इत्युच्यते पार्थ , न च तत् प्रेत्य नो इह ॥ 17.28

ॐ तत् सत् ।
इति श्रीमद्भगवद्गीतासु उपनिषत्सु ब्रह्मविद्यायां योगशास्त्रे श्रीकृष्णार्जुनसंवादे श्रद्धा-त्रय-विभाग-योगो नाम सप्तदशोऽध्यायः ॥ 17th ॥

18 Yoga of Liberation

ॐ श्री परमात्मने नमः । अथ अष्टादशोऽध्यायः

Verse as written, with sandhis and conjuncts together

अर्जुन उवाच

सन्न्यासस्य महाबाहो तत्त्वमिच्छामि वेदितुम् ।
त्यागस्य च हृषीकेश पृथक्केशिनिषूदन ॥ 1

Verse as chanted, pausing at each pada quarter verse

अर्जुन उवाच

सन्न्यासस्य महाबाहो , तत्त्वम् इच्छामि वेदितुम् ।
त्यागस्य च हृषीकेश , पृथक् केशिनिषूदन ॥ 18.1

श्री भगवान् उवाच

काम्यानां कर्मणां न्यासं सन्न्यासं कवयो विदुः ।
सर्वकर्मफलत्यागं प्राहुस्त्यागं विचक्षणाः ॥ 2

श्री भगवान् उवाच

काम्यानां कर्मणां न्यासम् , सन्न्यासं कवयो विदुः ।
सर्वकर्मफलत्यागम् , प्राहुस् त्यागं विचक्षणाः ॥ 18.2

त्याज्यं दोषवदित्येके कर्म प्राहुर्मनीषिणः ।
यज्ञदानतपःकर्म न त्याज्यमिति चापरे ॥ 3
त्याज्यं दोषवदित्येके , कर्म प्राहुर् मनीषिणः ।
यज्ञदानतपःकर्म , न त्याज्यम् इति चापरे ॥ 18.3

निश्चयं शृणु मे तत्र त्यागे भरतसत्तम ।
त्यागो हि पुरुषव्याघ्र त्रिविधः सम्प्रकीर्तितः ॥ 4
निश्चयं शृणु मे तत्र , त्यागे भरतसत्तम ।
त्यागो हि पुरुषव्याघ्र , त्रिविधस् सम्प्रकीर्तितः ॥ 18.4

यज्ञदानतपःकर्म न त्याज्यं कार्यमेव तत् ।
यज्ञो दानं तपश्चैव पावनानि मनीषिणाम् ॥ 5
यज्ञदानतपᳵकर्म , न त्याज्यं कार्यमेव तत् ।
यज्ञो दानं तपश्चैव , पावनानि मनीषिणाम् ॥ 18.5

एतान्यपि तु कर्माणि सङ्गं त्यक्त्वा फलानि च ।
कर्तव्यानीति मे पार्थ निश्चितं मतमुत्तमम् ॥ 6
एतान्यपि तु कर्माणि , सङ्गं त्यक्त्वा फलानि च ।
कर्तव्यानीति मे पार्थ , निश्चितं मतम् उत्तमम् ॥ 18.6

नियतस्य तु सन्न्यासः कर्मणो नोपपद्यते ।
मोहात्तस्य परित्यागस्तामसः परिकीर्तितः ॥ 7
नियतस्य तु सन्न्यासः , कर्मणो नोपपद्यते ।
मोहात् तस्य परित्यागः , तामसᳶ परिकीर्तितः ॥ 18.7

दुःखमित्येव यत्कर्म कायक्लेशभयात्त्यजेत् ।
स कृत्वा राजसं त्यागं नैव त्यागफलं लभेत् ॥ 8
दुःखम् इत्येव यत् कर्म , कायक्लेशभयात् त्यजेत् ।
स कृत्वा राजसं त्यागम् , नैव त्यागफलं लभेत् ॥ 18.8

कार्यमित्येव यत्कर्म नियतं क्रियतेऽर्जुन ।
सङ्गं त्यक्त्वा फलं चैव स त्यागः सात्त्विको मतः ॥ 9
कार्यम् इत्येव यत् कर्म , नियतं क्रियतेर्जुन ।
सङ्गं त्यक्त्वा फलं चैव , स त्यागस् सात्त्विको मतः ॥ 18.9

न द्वेष्ट्यकुशलं कर्म कुशले नानुषज्जते ।
त्यागी सत्त्वसमाविष्टो मेधावी छिन्नसंशयः ॥ 10
न द्वेष्ट्यकुशलं कर्म , कुशले नानुषज्जते ।
त्यागी सत्त्वसमाविष्टः , मेधावी छिन्नसंशयः ॥ 18.10

न हि देहभृता शक्यं त्यक्तुं कर्माण्यशेषतः ।
यस्तु कर्मफलत्यागी स त्यागीत्यभिधीयते ॥ 11
न हि देहभृता शक्यम् , त्यक्तुं कर्माण्यशेषतः ।
यस्तु कर्मफलत्यागी , स त्यागीत्यभिधीयते ॥ 18.11

अनिष्टमिष्टं मिश्रं च त्रिविधं कर्मणः फलम् ।
भवत्यत्यागिनां प्रेत्य न तु सन्न्यासिनां क्वचित् ॥ 12
अनिष्टम् इष्टं मिश्रञ् च , त्रिविधं कर्मणꭗ फलम् ।
भवत्यत्यागिनां प्रेत्य , न तु सन्न्यासिनां क्वचित् ॥ 18.12

पञ्चैतानि महाबाहो कारणानि निबोध मे ।
साङ्ख्ये कृतान्ते प्रोक्तानि सिद्धये सर्वकर्मणाम् ॥ 13
पञ्चैतानि महाबाहो , कारणानि निबोध मे ।
साङ्ख्ये कृतान्ते प्रोक्तानि , सिद्धये सर्वकर्मणाम् ॥ 18.13

अधिष्ठानं तथा कर्ता करणं च पृथग्विधम् ।
विविधाश्च पृथक्चेष्टा दैवं चैवात्र पञ्चमम् ॥ 14
अधिष्ठानं तथा कर्ता , करणं च पृथग्विधम् ।
विविधाश्च पृथक् चेष्टाः , दैवं चैवात्र पञ्चमम् ॥ 18.14

शरीरवाङ्मनोभिर्यत्कर्म प्रारभते नरः ।
न्याय्यं वा विपरीतं वा पञ्चैते तस्य हेतवः ॥ 15
शरीरवाङ्मनोभिर् यत् , कर्म प्रारभते नरः ।
न्याय्यं वा विपरीतं वा , पञ्चैते तस्य हेतवः ॥ 18.15

तत्रैवं सति कर्तारमात्मानं केवलं तु यः ।
पश्यत्यकृतबुद्धित्वान्न स पश्यति दुर्मतिः ॥ 16
तत्रैवं सति कर्तारम् , आत्मानं केवलं तु यः ।
पश्यत्य-कृत-बुद्धित्वात् , न स पश्यति दुर्मतिः ॥ 18.16

यस्य नाहङ्कृतो भावो बुद्धिर्यस्य न लिप्यते ।
हत्वापि स इमाँल्लोकान् न हन्ति न निबध्यते ॥ 17
यस्य नाहङ्कृतो भावः , बुद्धिर् यस्य न लिप्यते ।
हत्वापि स इमाँल्लोकान् , न हन्ति न निबध्यते ॥ 18.17

ज्ञानं ज्ञेयं परिज्ञाता त्रिविधा कर्मचोदना ।
करणं कर्म कर्तेति त्रिविधः कर्मसङ्ग्रहः ॥ 18
ज्ञानं ज्ञेयं परिज्ञाता , त्रिविधा कर्मचोदना ।
करणं कर्म कर्तेति , त्रिविधᳵ कर्मसङ्ग्रहः ॥ 18.18

ज्ञानं कर्म च कर्ता च त्रिधैव गुणभेदतः ।
प्रोच्यते गुणसङ्ख्याने यथावच्छृणु तान्यपि ॥ 19
ज्ञानं कर्म च कर्ता च , त्रिधैव गुणभेदतः ।
प्रोच्यते गुणसङ्ख्याने , यथावच् छृणु तान्यपि ॥ 18.19

सर्वभूतेषु येनैकं भावमव्ययमीक्षते ।
अविभक्तं विभक्तेषु तज्ज्ञानं विद्धि सात्त्विकम् ॥ 20
सर्वभूतेषु येनैकम् , भावम् अव्ययम् ईक्षते ।
अविभक्तं विभक्तेषु , तज्ज्ञानं विद्धि सात्त्विकम् ॥ 18.20

पृथक्त्वेन तु यज्ज्ञानं नानाभावान्पृथग्विधान् ।
वेत्ति सर्वेषु भूतेषु तज्ज्ञानं विद्धि राजसम् ॥ 21
पृथक्त्वेन तु यज् ज्ञानम् , नानाभावान् पृथग्विधान् ।
वेत्ति सर्वेषु भूतेषु , तज्ज्ञानं विद्धि राजसम् ॥ 18.21

यत्तु कृत्स्नवदेकस्मिन्कार्ये सक्तमहैतुकम् ।
अतत्त्वार्थवदल्पं च तत्तामसमुदाहृतम् ॥ 22
यत् तु कृत्स्नवदेकस्मिन् , कार्ये सक्तम् अहैतुकम् ।
अतत्त्वार्थवदल्पं च , तत् तामसम् उदाहृतम् ॥ 18.22

नियतं सङ्गरहितमरागद्वेषतः कृतम् ।
अफलप्रेप्सुना कर्म यत्तत्सात्त्विकमुच्यते ॥ 23
नियतं सङ्गरहितम् , अरागद्वेषतᳵ कृतम् ।
अफलप्रेप्सुना कर्म , यत् तत् सात्त्विकम् उच्यते ॥ 18.23

यत्तु कामेप्सुना कर्म साहङ्कारेण वा पुनः ।
क्रियते बहुलायासं तद्राजसमुदाहृतम् ॥ 24
यत् तु कामेप्सुना कर्म , साहङ्कारेण वा पुनः ।
क्रियते बहुलायासम् , तद् राजसम् उदाहृतम् ॥ 18.24

अनुबन्धं क्षयं हिंसामनवेक्ष्य च पौरुषम् ।
मोहादारभ्यते कर्म यत्तत्तामसमुच्यते ॥ 25
अनुबन्धं क्षयं हिंसाम् , अनवेक्ष्य च पौरुषम् ।
मोहाद् आरभ्यते कर्म , यत् तत् तामसम् उच्यते ॥ 18.25

मुक्तसङ्गोऽनहंवादी धृत्युत्साहसमन्वितः ।
सिद्ध्यसिद्ध्योर्निर्विकारः कर्ता सात्त्विक उच्यते ॥ 26
मुक्तसङ्गोनहंवादी , धृत्युत्साहसमन्वितः ।
सिद्ध्यसिद्ध्योर् निर्विकारः , कर्ता सात्त्विक उच्यते ॥ 18.26

रागी कर्मफलप्रेप्सुर्लुब्धो हिंसात्मकोऽशुचिः ।
हर्षशोकान्वितः कर्ता राजसः परिकीर्तितः ॥ 27
रागी कर्मफलप्रेप्सुः , लुब्धो हिंसात्मकोशुचिः ।
हर्षशोकान्वितᳵ कर्ता , राजसᳶ परिकीर्तितः ॥ 18.27

अयुक्तः प्राकृतः स्तब्धः शठो नैष्कृतिकोऽलसः ।
विषादी दीर्घसूत्री च कर्ता तामस उच्यते ॥ 28
अयुक्तᳶ प्राकृतस् स्तब्धः , शठो नैष्कृतिकोलसः ।
विषादी दीर्घसूत्री च , कर्ता तामस उच्यते ॥ 18.28

बुद्धेर्भेदं धृतेश्चैव गुणतस्त्रिविधं शृणु ।
प्रोच्यमानमशेषेण पृथक्त्वेन धनञ्जय ॥ 29
बुद्धेर् भेदं धृतेश् चैव , गुणतस् त्रिविधं शृणु ।
प्रोच्यमानम् अशेषेण , पृथक्त्वेन धनञ्जय ॥ 18.29

प्रवृत्तिं च निवृत्तिं च कार्याकार्ये भयाभये ।
बन्धं मोक्षं च या वेत्ति बुद्धिः सा पार्थ सात्त्विकी ॥ 30
प्रवृत्तिञ् च निवृत्तिञ् च , कार्याकार्ये भयाभये ।
बन्धं मोक्षं च या वेत्ति , बुद्धिस् सा पार्थ सात्त्विकी ॥ 18.30

यया धर्ममधर्मं च कार्यं चाकार्यमेव च ।
अयथावत्प्रजानाति बुद्धिः सा पार्थ राजसी ॥ 31
यया धर्मम् अधर्मञ् च , कार्यञ् चाकार्यमेव च ।
अयथावत् प्रजानाति , बुद्धिस् सा पार्थ राजसी ॥ 18.31

अधर्मं धर्ममिति या मन्यते तमसाऽऽवृता ।
सर्वार्थान्विपरीतांश्च बुद्धिः सा पार्थ तामसी ॥ 32
अधर्मं धर्मम् इति या , मन्यते तमसावृता ।
सर्वार्थान् विपरीतांश्च , बुद्धिस् सा पार्थ तामसी ॥ 18.32

धृत्या यया धारयते मनःप्राणेन्द्रियक्रियाः ।
योगेनाव्यभिचारिण्या धृतिः सा पार्थ सात्त्विकी ॥ 33
धृत्या यया धारयते , मनᳵप्राणेन्द्रियक्रियाः ।
योगेनाव्यभिचारिण्या , धृतिस् सा पार्थ सात्त्विकी ॥ 18.33

यया तु धर्मकामार्थान्धृत्या धारयतेऽर्जुन ।
प्रसङ्गेन फलाकाङ्क्षी धृतिः सा पार्थ राजसी ॥ 34
यया तु धर्मकामार्थान् , धृत्या धारयतेर्जुन ।
प्रसङ्गेन फलाकाङ्क्षी , धृतिस् सा पार्थ राजसी ॥ 18.34

यया स्वप्नं भयं शोकं विषादं मदमेव च ।
न विमुञ्चति दुर्मेधा धृतिः सा पार्थ तामसी ॥ 35
यया स्वप्नं भयं शोकम् , विषादं मदम् एव च ।
न विमुञ्चति दुर्मेधाः , धृतिस् सा पार्थ तामसी ॥ 18.35

सुखं त्विदानीं त्रिविधं शृणु मे भरतर्षभ ।
अभ्यासाद्रमते यत्र दुःखान्तं च निगच्छति ॥ 36
सुखं त्विदानीं त्रिविधम् , शृणु मे भरतर्षभ ।
अभ्यासाद् रमते यत्र , दुःखान्तञ् च निगच्छति ॥ 18.36

यत्तदग्रे विषमिव परिणामेऽमृतोपमम् ।
तत्सुखं सात्त्विकं प्रोक्तमात्मबुद्धिप्रसादजम् ॥ 37
यत् तद् अग्रे विषम् इव , परिणामेमृतोपमम् ।
तत् सुखं सात्त्विकं प्रोक्तम् , आत्मबुद्धिप्रसादजम् ॥ 18.37

विषयेन्द्रियसंयोगाद्यत्तदग्रेऽमृतोपमम् ।
परिणामे विषमिव तत्सुखं राजसं स्मृतम् ॥ 38
विषयेन्द्रियसंयोगात् , यत् तद् अग्रेमृतोपमम् ।
परिणामे विषम् इव , तत् सुखं राजसं स्मृतम् ॥ 18.38

यदग्रे चानुबन्धे च सुखं मोहनमात्मनः ।
निद्रालस्यप्रमादोत्थं तत्तामसमुदाहृतम् ॥ 39
यद् अग्रे चानुबन्धे च , सुखं मोहनम् आत्मनः ।
निद्रालस्यप्रमादोत्थम् , तत् तामसम् उदाहृतम् ॥ 18.39

न तदस्ति पृथिव्यां वा दिवि देवेषु वा पुनः ।
सत्त्वं प्रकृतिजैर्मुक्तं यदेभिः स्यात्त्रिभिर्गुणैः ॥ 40
न तद् अस्ति पृथिव्यां वा , दिवि देवेषु वा पुनः ।
सत्त्वं प्रकृतिजैर् मुक्तम् , यदेभिस् स्यात् त्रिभिर् गुणैः ॥ 18.40

ब्राह्मणक्षत्रियविशां शूद्राणां च परन्तप ।
कर्माणि प्रविभक्तानि स्वभावप्रभवैर्गुणैः ॥ 41
ब्राह्मणक्षत्रियविशाम् , शूद्राणाञ् च परन्तप ।
कर्माणि प्रविभक्तानि , स्वभावप्रभवैर् गुणैः ॥ 18.41

शमो दमस्तपः शौचं क्षान्तिरार्जवमेव च ।
ज्ञानं विज्ञानमास्तिक्यं ब्रह्मकर्म स्वभावजम् ॥ 42
शमो दमस् तपश् शौचम् , क्षान्तिर् आर्जवम् एव च ।
ज्ञानं विज्ञानम् आस्तिक्यम् , ब्रह्मकर्म स्वभावजम् ॥ 18.42

शौर्यं तेजो धृतिर्दाक्ष्यं युद्धे चाप्यपलायनम् ।
दानमीश्वरभावश्च क्षात्रं कर्म स्वभावजम् ॥ 43
शौर्यं तेजो धृतिर् दाक्ष्यम् , युद्धे चाप्यपलायनम् ।
दानम् ईश्वरभावश् च , क्षात्रं कर्म स्वभावजम् ॥ 18.43

कृषिगौरक्ष्यवाणिज्यं वैश्यकर्म स्वभावजम् ।
परिचर्यात्मकं कर्म शूद्रस्यापि स्वभावजम् ॥ 44
कृषिगौरक्ष्यवाणिज्यम् , वैश्यकर्म स्वभावजम् ।
परिचर्यात्मकं कर्म , शूद्रस्यापि स्वभावजम् ॥ 18.44

स्वे स्वे कर्मण्यभिरतः संसिद्धिं लभते नरः ।
स्वकर्मनिरतः सिद्धिं यथा विन्दति तच्छृणु ॥ 45
स्वे स्वे कर्मण्यभिरतः , संसिद्धिं लभते नरः ।
स्वकर्मनिरतस् सिद्धिम् , यथा विन्दति तच् छृणु ॥ 18.45

यतः प्रवृत्तिर्भूतानां येन सर्वमिदं ततम् ।
स्वकर्मणा तमभ्यर्च्य सिद्धिं विन्दति मानवः ॥ 46
यतᳲ प्रवृत्तिर् भूतानाम् , येन सर्वम् इदं ततम् ।
स्वकर्मणा तमभ्यर्च्य , सिद्धिं विन्दति मानवः ॥ 18.46

श्रेयान्स्वधर्मो विगुणः परधर्मात्स्वनुष्ठितात् ।
स्वभावनियतं कर्म कुर्वन्नाप्नोति किल्बिषम् ॥ 47
श्रेयान् स्वधर्मो विगुणः , परधर्मात् स्वनुष्ठितात् ।
स्वभावनियतं कर्म , कुर्वन् नाप्नोति किल्बिषम् ॥ 18.47

सहजं कर्म कौन्तेय सदोषमपि न त्यजेत् ।
सर्वारम्भा हि दोषेण धूमेनाग्निरिवावृताः ॥ 48
सहजं कर्म कौन्तेय , सदोषम् अपि न त्यजेत् ।
सर्वारम्भा हि दोषेण , धूमेनाग्निर् इवावृताः ॥ 18.48

असक्तबुद्धिः सर्वत्र जितात्मा विगतस्पृहः ।
नैष्कर्म्यसिद्धिं परमां सन्न्यासेनाधिगच्छति ॥ 49
असक्तबुद्धिस् सर्वत्र , जितात्मा विगतस्पृहः ।
नैष्कर्म्यसिद्धिं परमाम् , सन्न्यासेनाधिगच्छति ॥ 18.49

सिद्धिं प्राप्तो यथा ब्रह्म तथाऽऽप्नोति निबोध मे ।
समासेनैव कौन्तेय निष्ठा ज्ञानस्य या परा ॥ 50
सिद्धिं प्राप्तो यथा ब्रह्म , तथा आप्नोति निबोध मे ।
समासेनैव कौन्तेय , निष्ठा ज्ञानस्य या परा ॥ 18.50

बुद्ध्या विशुद्धया युक्तो धृत्याऽऽत्मानं नियम्य च ।
शब्दादीन्विषयांस्त्यक्त्वा रागद्वेषौ व्युदस्य च ॥ 51
बुद्ध्या विशुद्धया युक्तः , धृत्यात्मानं नियम्य च ।
शब्दादीन् विषयांस्-त्यक्त्वा , रागद्वेषौ व्युदस्य च ॥ 18.51

विविक्तसेवी लघ्वाशी यतवाक्कायमानसः ।
ध्यानयोगपरो नित्यं वैराग्यं समुपाश्रितः ॥ 52
विविक्तसेवी लघ्वाशी , यतवाक्कायमानसः ।
ध्यानयोगपरो नित्यम् , वैराग्यं समुपाश्रितः ॥ 18.52

अहङ्कारं बलं दर्पं कामं क्रोधं परिग्रहम् ।
विमुच्य निर्ममः शान्तो ब्रह्मभूयाय कल्पते ॥ 53
अहङ्कारं बलं दर्पम् , कामं क्रोधं परिग्रहम् ।
विमुच्य निर्ममश् शान्तः , ब्रह्मभूयाय कल्पते ॥ 18.53

ब्रह्मभूतः प्रसन्नात्मा न शोचति न काङ्क्षति ।
समः सर्वेषु भूतेषु मद्भक्तिं लभते पराम् ॥ 54
ब्रह्मभूतᳵ प्रसन्नात्मा , न शोचति न काङ्क्षति ।
समस् सर्वेषु भूतेषु , मद्भक्तिं लभते पराम् ॥ 18.54

भक्त्या मामभिजानाति यावान्यश्चास्मि तत्त्वतः ।
ततो मां तत्त्वतो ज्ञात्वा विशते तदनन्तरम् ॥ 55
भक्त्या माम् अभिजानाति , यावान् यश् चास्मि तत्त्वतः ।
ततो मां तत्त्वतो ज्ञात्वा , विशते तद् अनन्तरम् ॥ 18.55

सर्वकर्माण्यपि सदा कुर्वाणो मद्व्यपाश्रयः ।
मत्प्रसादादवाप्नोति शाश्वतं पदमव्ययम् ॥ 56
सर्वकर्माण्यपि सदा , कुर्वाणो मद्व्यपाश्रयः ।
मत्प्रसादाद् अवाप्नोति , शाश्वतं पदम् अव्ययम् ॥ 18.56

चेतसा सर्वकर्माणि मयि सन्न्यस्य मत्परः ।
बुद्धियोगमुपाश्रित्य मच्चित्तः सततं भव ॥ 57
चेतसा सर्वकर्माणि , मयि सन्न्यस्य मत्परः ।
बुद्धियोगम् उपाश्रित्य , मच्चित्तस् सततं भव ॥ 18.57

मच्चित्तः सर्वदुर्गाणि मत्प्रसादात्तरिष्यसि ।
अथ चेत्त्वमहङ्कारान्न श्रोष्यसि विनङ्क्ष्यसि ॥ 58
मच्चित्तस् सर्वदुर्गाणि , मत्प्रसादात् तरिष्यसि ।
अथ चेत् त्वम् अहङ्कारात् , न श्रोष्यसि विनङ्क्ष्यसि ॥ 18.58

यदहङ्कारमाश्रित्य न योत्स्य इति मन्यसे ।
मिथ्यैष व्यवसायस्ते प्रकृतिस्त्वां नियोक्ष्यति ॥ 59
यद् अहङ्कारम् आश्रित्य , न योत्स्य इति मन्यसे ।
मिथ्यैष व्यवसायस् ते , प्रकृतिस् त्वां नियोक्ष्यति ॥ 18.59

स्वभावजेन कौन्तेय निबद्धः स्वेन कर्मणा ।
कर्तुं नेच्छसि यन्मोहात्करिष्यस्यवशोऽपि तत् ॥ 60
स्वभावजेन कौन्तेय , निबद्धस् स्वेन कर्मणा ।
कर्तुं नेच्छसि यन् मोहात् , करिष्यस्यवशोपि तत् ॥ 18.60

ईश्वरः सर्वभूतानां हृद्देशेऽर्जुन तिष्ठति ।
भ्रामयन्सर्वभूतानि यन्त्रारूढानि मायया ॥ 61
ईश्वरस् सर्वभूतानाम् , हृद्देशेर्जुन तिष्ठति ।
भ्रामयन् सर्वभूतानि , यन्त्रारूढानि मायया ॥ 18.61

तमेव शरणं गच्छ सर्वभावेन भारत ।
तत्प्रसादात्परां शान्तिं स्थानं प्राप्स्यसि शाश्वतम् ॥ 62
तमेव शरणं गच्छ , सर्वभावेन भारत ।
तत्प्रसादात् परां शान्तिम् , स्थानं प्राप्स्यसि शाश्वतम् ॥ 18.62

इति ते ज्ञानमाख्यातं गुह्याद्गुह्यतरं मया ।
विमृश्यैतदशेषेण यथेच्छसि तथा कुरु ॥ 63
इति ते ज्ञानम् आख्यातम् , गुह्याद् गुह्यतरं मया ।
विमृश्यैतद् अशेषेण , यथेच्छसि तथा कुरु ॥ 18.63

सर्वगुह्यतमं भूयः शृणु मे परमं वचः ।
इष्टोऽसि मे दृढमिति ततो वक्ष्यामि ते हितम् ॥ 64
सर्वगुह्यतमं भूयः , शृणु मे परमं वचः ।
इष्टोसि मे दृढम् इति , ततो वक्ष्यामि ते हितम् ॥ 18.64

मन्मना भव मद्भक्तो मद्याजी मां नमस्कुरु ।
मामेवैष्यसि सत्यं ते प्रतिजाने प्रियोऽसि मे ॥ 65
मन्मना भव मद्भक्तः , मद्याजी मां नमस्कुरु ।
मामेवैष्यसि सत्यं ते , प्रतिजाने प्रियोसि मे ॥ 18.65

सर्वधर्मान्परित्यज्य मामेकं शरणं व्रज ।
अहं त्वा सर्वपापेभ्यो मोक्षयिष्यामि मा शुचः ॥ 66
सर्वधर्मान् परित्यज्य , माम् एकं शरणं व्रज ।
अहं त्वा सर्वपापेभ्यः , मोक्षयिष्यामि मा शुचः ॥ 18.66

इदं ते नातपस्काय नाभक्ताय कदाचन ।
न चाशुश्रूषवे वाच्यं न च मां योऽभ्यसूयति ॥ 67
इदं ते नातपस्काय , नाभक्ताय कदाचन ।
न चाशुश्रूषवे वाच्यम् , न च मां योभ्यसूयति ॥ 18.67

य इमं परमं गुह्यं मद्भक्तेष्वभिधास्यति ।
भक्तिं मयि परां कृत्वा मामेवैष्यत्यसंशयः ॥ 68
य इमं परमं गुह्यम् , मद्भक्तेष्वभिधास्यति ।
भक्तिं मयि परां कृत्वा , मामेवैष्यत्यसंशयः ॥ 18.68

न च तस्मान्मनुष्येषु कश्चिन्मे प्रियकृत्तमः ।
भविता न च मे तस्मादन्यः प्रियतरो भुवि ॥ 69
न च तस्मान् मनुष्येषु , कश्चिन्मे प्रियकृत्तमः ।
भविता न च मे तस्मात् , अन्यᳶ प्रियतरो भुवि ॥ 18.69

अध्येष्यते च य इमं धर्म्यं संवादमावयोः ।
ज्ञानयज्ञेन तेनाहमिष्टः स्यामिति मे मतिः ॥ 70
अध्येष्यते च य इमम् , धर्म्यं संवादमावयोः ।
ज्ञानयज्ञेन तेनाहम् , इष्टस् स्याम् इति मे मतिः ॥ 18.70

श्रद्धावाननसूयश्च शृणुयादपि यो नरः ।
सोऽपि मुक्तः शुभाँल्लोकान्प्राप्नुयात्पुण्यकर्मणाम् ॥ 71

श्रद्धावान् अनसूयश् च , शृणुयाद् अपि यो नरः ।
सोपि मुक्तश् शुभाँल्लोकान् , प्राप्नुयात् पुण्यकर्मणाम् ॥ 18.71

कच्चिदेतच्छ्रुतं पार्थ त्वयैकाग्रेण चेतसा ।
कच्चिदज्ञानसम्मोहः प्रनष्टस्ते धनञ्जय ॥ 72

कच्चिद् एतच् छ्रुतं पार्थ , त्वयैकाग्रेण चेतसा ।
कच्चिद् अज्ञानसम्मोहः , प्रनष्टस् ते धनञ्जय ॥ 18.72

अर्जुन उवाच
नष्टो मोहः स्मृतिर्लब्धा त्वत्प्रसादान्मयाच्युत ।
स्थितोऽस्मि गतसन्देहः करिष्ये वचनं तव ॥ 73

अर्जुन उवाच
नष्टो मोहस् स्मृतिर् लब्धा , त्वत्प्रसादान् मयाच्युत ।
स्थितोस्मि गतसन्देहः , करिष्ये वचनं तव ॥ 18.73

सञ्जय उवाच
इत्यहं वासुदेवस्य पार्थस्य च महात्मनः ।
संवादमिममश्रौषमद्भुतं रोमहर्षणम् ॥ 74

सञ्जय उवाच
इत्यहं वासुदेवस्य , पार्थस्य च महात्मनः ।
संवादम् इमम् अश्रौषम् , अद्भुतं रोमहर्षणम् ॥ 18.74

व्यासप्रसादाच्छ्रुतवानेतद्गुह्यमहं परम् ।
योगं योगेश्वरात्कृष्णात्साक्षात्कथयतः स्वयम् ॥ 75

व्यासप्रसादाच् छ्रुतवान् , एतद् गुह्यम् अहं परम् ।
योगं योगेश्वरात् कृष्णात् , साक्षात् कथयतस् स्वयम् ॥ 18.75

राजन्संस्मृत्य संस्मृत्य संवादमिमम् अद्भुतम् ।
केशवार्जुनयोः पुण्यं हृष्यामि च मुहुर्मुहुः ॥ 76
राजन् संस्मृत्य संस्मृत्य , संवादम् इमम् अद्भुतम् ।
केशवार्जुनयोः पुण्यम् , हृष्यामि च मुहुर् मुहुः ॥ 18.76

तच्च संस्मृत्य संस्मृत्य रूपमत्यद्भुतं हरेः ।
विस्मयो मे महान्राजन्हृष्यामि च पुनः पुनः ॥ 77
तच् च संस्मृत्य संस्मृत्य , रूपम् अत्यद्भुतं हरेः ।
विस्मयो मे महान् राजन् , हृष्यामि च पुनः पुनः ॥ 18.77

यत्र योगेश्वरः कृष्णो यत्र पार्थो धनुर्धरः ।
तत्र श्रीर्विजयो भूतिर्ध्रुवा नीतिर्मतिर्मम ॥ 78
यत्र योगेश्वरः कृष्णः , यत्र पार्थो धनुर्धरः ।
तत्र श्रीर् विजयो भूतिः , ध्रुवा नीतिर् मतिर् मम ॥ 18.78

ॐ तत् सत् ।
इति श्रीमद्भगवद्गीतासु उपनिषत्सु ब्रह्मविद्यायां योगशास्त्रे श्रीकृष्णार्जुनसंवादे मोक्ष-सन्न्यास-योगो नाम अष्टादशोऽध्यायः ॥ 18th ॥

Ending Prayer

गुरुर् ब्रह्मा गुरुर् विष्णुः , गुरुर् देवो महेश्वरः ।
गुरुस् साक्षात् परं ब्रह्म , तस्मै श्रीगुरवे नमः ॥

श्री गुरुभ्यो नमः हरिः ॐ ।
श्री कृष्णार्पणमस्तु ॥

Gita Mahatmyam

Attributed to Adi Sankara circa 500 BC (Kanchi Math)

गीताशास्त्रम् इदं पुण्यं यᳶ पठेत् प्रयतᳶ पुमान् ।
विष्णोᳶ पदम् अवाप्नोति भयशोकादिवर्जितः ॥ १
गीताध्ययनशीलस्य प्राणायामपरस्य च ।
नैव सन्ति हि पापानि पूर्वजन्मकृतानि च ॥ २
मलनिर्मोचनं पुंसां जलस्नानं दिने दिने ।
सकृद् गीताम्भसि स्नानं संसारमलनाशनम् ॥ ३
गीता सुगीता कर्तव्या किमन्यैश् शास्त्रविस्तरैः ।
या स्वयं पद्मनाभस्य मुखपद्माद्विनिःसृता ॥ ४
भारतामृतसर्वस्वं विष्णोर्वक्त्राद्विनिःसृतम् ।
गीतागङ्गोदकं पीत्वा पुनर्जन्म न विद्यते ॥ ५
सर्वोपनिषदो गावो दोग्धा गोपालनन्दनः ।
पार्थो वत्सस् सुधीर्भोक्ता दुग्धं गीतामृतं महत् ॥ ६
एकं शास्त्रं देवकीपुत्रगीतम् , एको देवो देवकीपुत्र एव ।
एको मन्त्रस्तस्य नामानि , यानि कर्माण्येकं तस्य देवस्य सेवा ॥७॥

Panini's Ashtadhyayi Rules for Hrsva Dirgha

1.2.27 ऊकालोऽज्झ्रस्वदीर्घप्लुतः ।
- Vowels similar to उ with 1 matra are called hrsva ह्रस्व
- Vowels similar to ऊ with 2 matra are called dirgha दीर्घ
- Vowels similar to उ with 3 matra are called pluta प्लुत

1.4.10 ह्रस्वं लघु ।

Hrsva ह्रस्व vowel is called laghu लघु also.

1.4.11 संयोगे गुरु ।

However when a ह्रस्व vowel is followed by a conjunct, it is called गुरु guru.

1.4.12 दीर्घं च ।

And also a दीर्घ vowel is called गुरु guru.

Notes:
- Long vowels and diphthongs are दीर्घ dirgha. E.g. आ , ए
- Short vowels are ह्रस्व hrsva, e.g. अ , उ etc. But short vowels when followed by a conjunct are दीर्घ dirgha. E.g. अक्ष

Now we can apply the rules to the verses of the Bhagavad Gita to see its Anushtup meter.

Bhagavad Gita Chapter 1 Verse 1

धर्मक्षेत्रे कुरुक्षेत्रे समवेता युयुत्सवः ।
मामकाः पाण्डवाश्चैव किमकुर्वत सञ्जय ॥ १.१

Verse as chanted in Anushtup, pausing at each quarter

धर्मक्षेत्रे कुरुक्षेत्रे , समवेता युयुत्सवः ।
मामकाः पाण्डवाश्चैव , किमकुर्वत सञ्जय ॥ १.१

Quarter 1 धर्मक्षेत्रे कुरुक्षेत्रे The 5th 6th 7th Syllables

1	2	3	4	5	6	7	8
ध	र्म	क्षे	त्रे	कु	रु	क्षे	त्रे
				ह्रस्व	दीर्घ	दीर्घ	

Quarter 2 समवेता युयुत्सवः The 5th 6th 7th Syllables

1	2	3	4	5	6	7	8
स	म	वे	ता	यु	यु	त्स	वः
				ह्रस्व	दीर्घ	ह्रस्व	

Quarter 3 मामकाः पाण्डवाश्चैव The 5th 6th 7th Syllables

1	2	3	4	5	6	7	8
मा	म	काः	पा	ण्ड	वा	श्चै	व
				ह्रस्व	दीर्घ	दीर्घ	

Quarter 4 किमकुर्वत सञ्जय The 5th 6th 7th Syllables

1	2	3	4	5	6	7	8
कि	म	कु	र्व	त	स	ञ्ज	य
				ह्रस्व	दीर्घ	ह्रस्व	

Bhagavad Gita Chapter 1 Verse 9

अन्ये च बहवः शूरा मदर्थे त्यक्तजीविताः ।

नानाशस्त्रप्रहरणाः सर्वे युद्धविशारदाः ॥ १.९

Verse as chanted in Anushtup, pausing at each quarter

अन्ये च बहवश्शूराः , मदर्थे त्यक्तजीविताः ।

नानाशस्त्रप्रहरणाः , सर्वे युद्धविशारदाः ॥ १.९

Quarter 1 अन्ये च बहवश्शूराः The 5th 6th 7th Syllables

1	2	3	4	5	6	7	8
अ	न्ये	च	ब	ह	व	श्शू	राः
				ह्रस्व	दीर्घ	दीर्घ	

Quarter 2 मदर्थे त्यक्तजीविताः The 5th 6th 7th Syllables

1	2	3	4	5	6	7	8
म	द्	र्थे	त्य	क्त	जी	वि	ताः
				ह्रस्व	दीर्घ	ह्रस्व	

Quarter 3 नानाशस्त्रप्रहरणाः The 5th 6th 7th Syllables

1	2	3	4	5	6	7	8
ना	ना	श	स्त्र	प्र	ह	र	णाः
				ह्रस्व	दीर्घ	दीर्घ	

Quarter 4 सर्वे युद्धविशारदाः The 5th 6th 7th Syllables

1	2	3	4	5	6	7	8
स	र्वे	यु	द्ध	वि	शा	र	दाः
				ह्रस्व	दीर्घ	ह्रस्व	

Bhagavad Gita Chapter 1 Verse 15

पाञ्चजन्यं हृषीकेशो देवदत्तं धनञ्जयः ।

पौण्ड्रं दध्मौ महाशङ्खं भीमकर्मा वृकोदरः ॥ १.१५

Verse as chanted in Anushtup, pausing at each quarter

पाञ्चजन्यं हृषीकेशः , देवदत्तं धनञ्जयः ।

पौण्ड्रं दध्मौ महाशङ्खं , भीमकर्मा वृकोदरः ॥ १.१५

Quarter 1 **पाञ्चजन्यं हृषीकेशः** The 5th 6th 7th Syllables

1	2	3	4	5	6	7	8
पा	ञ्च	ज	न्यं	हृ	षी	के	शः
				ह्रस्व	दीर्घ	दीर्घ	

Quarter 2 **देवदत्तं धनञ्जयः** The 5th 6th 7th Syllables

1	2	3	4	5	6	7	8
दे	व	द्	त्तं	ध	न	ञ्ज	यः
				ह्रस्व	दीर्घ	ह्रस्व	

Quarter 3 **पौण्ड्रं दध्मौ महाशङ्खं** The 5th 6th 7th Syllables

1	2	3	4	5	6	7	8
पौ	ण्ड्रं	द	ध्मौ	म	हा	श	ङ्खं
				ह्रस्व	दीर्घ	दीर्घ	

Quarter 4 **भीमकर्मा वृकोदरः** The 5th 6th 7th Syllables

1	2	3	4	5	6	7	8
भी	म	क	र्मा	वृ	को	द	रः
				ह्रस्व	दीर्घ	ह्रस्व	

Bhagavad Gita Chapter 2 Verse 50

बुद्धियुक्तो जहातीह उभे सुकृतदुष्कृते ।
तस्माद्योगाय युज्यस्व योगः कर्मसु कौशलम् ॥ २.५०

Verse as chanted in Anushtup, pausing at each quarter

बुद्धियुक्तो जहातीह , उभे सुकृतदुष्कृते ।
तस्माद्योगाय युज्यस्व , योगः कर्मसु कौशलम् ॥ २.५०

Quarter 1 बुद्धियुक्तो जहातीह The 5th 6th 7th Syllables

1	2	3	4	5	6	7	8
बु	द्धि	यु	क्तो	ज	हा	ती	ह
				ह्रस्व	दीर्घ	दीर्घ	

Quarter 2 उभे सुकृतदुष्कृते The 5th 6th 7th Syllables

1	2	3	4	5	6	7	8
उ	भे	सु	कृ	त	दु	ष्कृ	ते
				ह्रस्व	दीर्घ	ह्रस्व	

Quarter 3 तस्माद्योगाय युज्यस्व The 5th 6th 7th Syllables

1	2	3	4	5	6	7	8
त	स्मा	द्यो	गा	य	यु	ज्य	स्व
				ह्रस्व	दीर्घ	दीर्घ	

Quarter 4 योगः कर्मसु कौशलम् The 5th 6th 7th Syllables

1	2	3	4	5	6	7	8
यो	गः	क	र्म	सु	कौ	श	लम्
				ह्रस्व	दीर्घ	ह्रस्व	

Bhagavad Gita Chapter 2 Verse 55

प्रजहाति यदा कामान्सर्वान्पार्थ मनोगतान् ।

आत्मन्येवात्मना तुष्टः स्थितप्रज्ञस्तदोच्यते ॥ २.५५

Verse as chanted in Anushtup, pausing at each quarter

प्रजहाति यदा कामान् , सर्वान्पार्थ मनोगतान् ।

आत्मन्येवात्मना तुष्टः , स्थितप्रज्ञस्तदोच्यते ॥ २.५५

Quarter 1 प्रजहाति यदा कामान् The 5th 6th 7th Syllables

1	2	3	4	5	6	7	8
प्र	ज	हा	ति	य	दा	का	मान्
				ह्रस्व	दीर्घ	दीर्घ	

Quarter 2 सर्वान्पार्थ मनोगतान् The 5th 6th 7th Syllables

1	2	3	4	5	6	7	8
स	र्वा	न्पा	र्थ	म	नो	ग	तान्
				ह्रस्व	दीर्घ	ह्रस्व	

Quarter 3 आत्मन्येवात्मना तुष्टः The 5th 6th 7th Syllables

1	2	3	4	5	6	7	8
आ	त्म	न्ये	वा	त्म	ना	तु	ष्टः
				ह्रस्व	दीर्घ	दीर्घ	

Quarter 4 स्थितप्रज्ञस्तदोच्यते The 5th 6th 7th Syllables

1	2	3	4	5	6	7	8
स्थि	त	प्र	ज्ञ	स्त	दो	च्य	ते
				ह्रस्व	दीर्घ	ह्रस्व	

Bhagavad Gita Chapter 4 Verse 7
यदा यदा हि धर्मस्य ग्लानिर्भवति भारत ।
अभ्युत्थानमधर्मस्य तदाऽऽत्मानं सृजाम्यहम् ॥ ४.७
Verse as chanted in Anushtup, pausing at each quarter
यदा यदा हि धर्मस्य , ग्लानिर्भवति भारत ।
अभ्युत्थानमधर्मस्य , तदात्मानं सृजाम्यहम् ॥ ४.७

Quarter 1 यदा यदा हि धर्मस्य The 5th 6th 7th Syllables

1	2	3	4	5	6	7	8
य	दा	य	दा	हि	ध	र्म	स्य
				ह्रस्व	दीर्घ	दीर्घ	

Quarter 2 ग्लानिर्भवति भारत The 5th 6th 7th Syllables

1	2	3	4	5	6	7	8
ग्ला	नि	र्भ	व	ति	भा	र	त
				ह्रस्व	दीर्घ	ह्रस्व	

Quarter 3 अभ्युत्थानमधर्मस्य The 5th 6th 7th Syllables

1	2	3	4	5	6	7	8
अ	भ्यु	त्था	न	म	ध	र्म	स्य
				ह्रस्व	दीर्घ	दीर्घ	

Quarter 4 तदात्मानं सृजाम्यहम् The 5th 6th 7th Syllables

1	2	3	4	5	6	7	8
त	दा	त्मा	नं	सृ	जा	म्य	हम्
				ह्रस्व	दीर्घ	ह्रस्व	

Bhagavad Gita Chapter 4 Verse 24

ब्रह्मार्पणं ब्रह्महविर्ब्रह्माग्नौ ब्रह्मणा हुतम् ।
ब्रह्मैव तेन गन्तव्यं ब्रह्मकर्मसमाधिना ॥ ४.२४

Verse as chanted in Anushtup, pausing at each quarter

ब्रह्मार्पणं ब्रह्महविः , ब्रह्माग्नौ ब्रह्मणा हुतम् ।
ब्रह्मैव तेन गन्तव्यं , ब्रह्मकर्मसमाधिना ॥ ४.२४

Quarter 1 ब्रह्मार्पणं ब्रह्महविः The 5th 6th 7th Syllables

1	2	3	4	5	6	7	8
ब्र	ह्मा	र्प	णं	ब्र	ह्म	ह	विः
				ह्रस्व	दीर्घ	दीर्घ	

Quarter 2 ब्रह्माग्नौ ब्रह्मणा हुतम् The 5th 6th 7th Syllables

1	2	3	4	5	6	7	8
ब्र	ह्मा	ग्नौ	ब्र	ह्म	णा	हु	तम्
				ह्रस्व	दीर्घ	ह्रस्व	

Quarter 3 ब्रह्मैव तेन गन्तव्यं The 5th 6th 7th Syllables

1	2	3	4	5	6	7	8
ब्र	ह्मै	व	ते	न	ग	न्त	व्यं
				ह्रस्व	दीर्घ	दीर्घ	

Quarter 4 ब्रह्मकर्मसमाधिना The 5th 6th 7th Syllables

1	2	3	4	5	6	7	8
ब्र	ह्म	क	र्म	स	मा	धि	ना
				ह्रस्व	दीर्घ	ह्रस्व	

Bhagavad Gita Chapter 15 Verse 5 (Trishtup Indravraja Meter)
निर्मानमोहा जितसङ्गदोषा अध्यात्मनित्या विनिवृत्तकामाः ।
द्वन्द्वैर् विमुक्तास् सुखदुःखसञ्ज्ञैर्गच्छन्त्यमूढाः पदमव्ययं तत् ॥ १५.५
Verse as chanted in Trishtup, pausing at each quarter
निर्मानमोहा जितसङ्गदोषाः , अध्यात्मनित्या विनिवृत्तकामाः ।
द्वन्द्वैर् विमुक्तास् सुखदुःखसञ्ज्ञैः , गच्छन्त्यमूढाᳶ पदमव्ययं तत् ॥ १५.५

Quarter 1 **निर्मानमोहा जितसङ्गदोषाः**

1	2	3	4	5	6	7	8	9	10	11
नि	र्मा	न	मो	हा	जि	त	स	ङ्ग	दो	षाः
d	d	h	d	d	h	h	d	h	d	d

Quarter 2 **अध्यात्मनित्या विनिवृत्तकामाः**

1	2	3	4	5	6	7	8	9	10	11
अ	ध्या	त्म	नि	त्या	वि	नि	वृ	त्त	का	माः
d	d	h	d	d	h	h	d	h	d	d

Quarter 3 **द्वन्द्वैर्विमुक्तास्सुखदुःखसञ्ज्ञैः**

1	2	3	4	5	6	7	8	9	10	11
द्व	न्द्वै	र्वि	मु	क्ता	स्सु	ख	दुः	ख	स	ञ्ज्ञैः
d	d	h	d	d	h	h	d	h	d	d

Quarter 4 **गच्छन्त्यमूढाः पदमव्ययं तत्**

1	2	3	4	5	6	7	8	9	10	11
ग	च्छ	न्त्य	मू	ढाः	प	द	म	व्य	यं	तत्
d	d	h	d	d	h	h	d	h	d	d

Bhagavad Gita Chapter 18 Verse 66

सर्वधर्मान्परित्यज्य मामेकं शरणं व्रज ।

अहं त्वा सर्वपापेभ्यो मोक्षयिष्यामि मा शुचः ॥ १८.६६

Verse as chanted in Anushtup, pausing at each quarter

सर्वधर्मान् परित्यज्य , मामेकं शरणं व्रज ।

अहं त्वा सर्वपापेभ्यः , मोक्षयिष्यामि मा शुचः ॥ १८.६६

Quarter 1 सर्वधर्मान् परित्यज्य The 5th 6th 7th Syllables

1	2	3	4	5	6	7	8
स	र्व	ध	र्मा	न्प	रि	त्य	ज्य
				ह्रस्व	दीर्घ	दीर्घ	

Quarter 2 मामेकं शरणं व्रज The 5th 6th 7th Syllables

1	2	3	4	5	6	7	8
मा	मे	कं	श	र	णं	व्र	ज
				ह्रस्व	दीर्घ	ह्रस्व	

Quarter 3 अहं त्वा सर्वपापेभ्यः The 5th 6th 7th Syllables

1	2	3	4	5	6	7	8
अ	हं	त्वा	स	र्व	पा	पे	भ्यः
				ह्रस्व	दीर्घ	दीर्घ	

Quarter 4 मोक्षयिष्यामि मा शुचः The 5th 6th 7th Syllables

1	2	3	4	5	6	7	8
मो	क्ष	यि	ष्या	मि	मा	शु	चः
				ह्रस्व	दीर्घ	ह्रस्व	

Sample Verses Recitation Notes

We have selected specific verses that highlight all the nuances during chanting. Using these as a guide, we can then apply the same chanting method to all the other similar verses in the Bhagavad Gita.

धर्मक्षेत्रे कुरुक्षेत्रे , समवेता युयुत्सवः ।

मामकाः पाण्डवाश्चैव , किमकुर्वत सञ्जय ॥ १.१

Visarga facing a pause वः + । → वह ।

Visarga to Ardhavisarga काः + प् → का⤫ + प्

Visarga to शकार, वाः + च् → वाश् + च् → वाश्च

Anusvara to Nasal सं + ज् → सञ्ज

अस्माकं तु विशिष्टा ये , तान्निबोध द्विजोत्तम ।

नायका मम सैन्यस्य , सञ्ज्ञार्थं तान्ब्रवीमि ते ॥ १.७

Anusvara to Nasal कं + तु → कन् + तु

अन्ये च बहवः शूरा , मदर्थे त्यक्तजीविताः ।

नानाशस्त्रप्रहरणाः , सर्वे युद्धविशारदाः ॥ १.९

Visarga to शकार, वः + श् → वश् + श् → वश्श्

Reappearance of Visarga facing a pause रा + , → राः + , → राहा ,

Visarga facing a pause ताः + । → ताहा । Similarly णाहा दाहा

पाञ्चजन्यं हृषीकेशो , देवदत्तं धनञ्जयः ।

पौण्ड्रं दध्मौ महाशङ्खं , भीमकर्मा वृकोदरः ॥ १.१५

Anusvara to Nasal पां + च् → पाञ्च्

Reappearance of Visarga facing a pause शो + , → शः + , → शह ,

Anusvara to Nasal नं + ज् → नञ्ज्

Anusvara to Nasal शं + ख् → शङ्ख्

Anusvara to मकार facing a pause खं + , → खम् + ,

Visarga facing a pause रः + ॥ → रह ॥

यदृच्छया चोपपन्नम् , स्वर्गद्वारम् अपावृतम् ।

सुखिनः क्षत्रियाः पार्थ , लभन्ते युद्धमीदृशम् ॥ २.३२

Visarga facing a क्ष = क् ष् remains as it is (without changing to ardhavisarga).

बुद्धियुक्तो जहातीह , उभे सुकृतदुष्कृते ।

तस्माद्योगाय युज्यस्व , योगः कर्मसु कौशलम् ॥ २.५०

Visarga to ओकार, क्तः + ज् → क्तो + ज्

Visarga to Ardhavisarga गः + क् → गᳲ + क्

प्रजहाति यदा कामान् , सर्वान्पार्थ मनोगतान् ।

आत्मन्येवात्मना तुष्टः , स्थितप्रज्ञस्तदोच्यते ॥ २.५५

Visarga facing a pause ष्टः + , → ष्टह ,

Visarga to सकार, ज्ञः + त् → ज्ञस् + त् → ज्ञस्त्

यदा यदा हि धर्मस्य , ग्लानिर्भवति भारत ।

अभ्युत्थानमधर्मस्य , तदाऽऽत्मानं सृजाम्यहम् ॥ ४.७

Visarga to रेफ, निः + भ् → निर् + भ् → निर्भ्

Avagraha is a silent letter दा + आ → दा + ऽऽ → दाऽऽ → दा

ब्रह्मार्पणं ब्रह्महविर्ब्रह्माग्नौ ब्रह्मणा हुतम् ।
ब्रह्मैव तेन गन्तव्यं ब्रह्मकर्मसमाधिना ॥ ४.२४
Visarga to रेफ, विः + ब् → विर् + ब् → विर्ब्
Anusvara to Nasal गं + त् → न्त्

निर्मानमोहा जितसङ्गदोषाः ,
अध्यात्मनित्या विनिवृत्तकामाः ।
द्वन्द्वैर् विमुक्तास् सुखदुःखसञ्ज्ञैः ,
गच्छन्त्यमूढाः पदम् अव्ययं तत् ॥ १५.५ **Trishtup Chhand Verse**
Visarga facing a pause

Sample Verses Recited
1 Yoga of Meeting Oneself

ॐ श्री परमात्मने नमः । अथ प्रथमोऽध्यायः

1.1 Verse as written, with sandhis and conjuncts together

धृतराष्ट्र उवाच
धर्मक्षेत्रे कुरुक्षेत्रे समवेता युयुत्सवः ।
मामकाः पाण्डवाश्चैव किमकुर्वत सञ्जय ॥ १.१

Verse as chanted, pausing at each pada i.e. Quarter verse

धृतराष्ट्र उवाच	See each letter and syllable clearly
धर्मक्षेत्रे कुरुक्षेत्रे ,	धर्म-क्षेत्रे कुरु-क्षेत्रे ,
समवेता युयुत्सवः ।	सम-वेता युयुत्-सवः ।
मामकाः पाण्डवाश्चैव ,	मामकाः पाण्ड-वाश्-चैव ,
किमकुर्वत सञ्जय ॥ १.१	किम-कुर्वत सञ्जय ॥ १.१

Chanting Notes

सवः ।

Here the visarga is immediately followed by a pause. Hence it is to be enunciated as हकार along with sound of previous vowel, in this case अकार । So chant the visarga as ह्+अ = ह → सवह ।

मामकाः पा

Here the visarga is immediately followed by a प् / फ् । Hence it is to be enunciated as फकार । So chant the visarga as फ् → मामकाफ् पा

पाण्डवाश् चै

Here the visarga is immediately followed by a च् / श् । Hence it is to be enunciated as शकार । So chant the visarga as श् । *Same as written.*

1.9 Verse as written, with sandhis and conjuncts together

अन्ये च बहवः शूरा मदर्थे त्यक्तजीविताः ।
नानाशस्त्रप्रहरणाः सर्वे युद्धविशारदाः ॥ १.९

Verse as chanted, pausing at each pada i.e. Quarter verse

अन्ये च बहवश्शूराः ,	अन्ये च बहवश् शूराः ,
मदर्थे त्यक्तजीविताः ।	मदर्थे त्यक्त-जीविताः ।
नानाशस्त्रप्रहरणाः ,	नाना-शस्त्र-प्रहरणाः ,
सर्वे युद्धविशारदाः ॥ १.९	सर्वे युद्ध-विशारदाः ॥ १.९

Chanting Notes

बहवः शूरा → बहवश् शूरा → बहवश्शूरा

Here the visarga is immediately followed by a च् / श् । By Sandhi it is to be enunciated as शकार । *Same as written.*

शूराः ,

Here the visarga is immediately followed by a pause. Hence it is to be enunciated as हकार along with sound of previous vowel, in this case आकार । So chant the visarga as ह्+आ = हा → शूराहा ,

Note - written verse has शूरा dropped visarga due to Sandhi.

Similarly त्यक्तजीविताः । → त्यक्तजीविताहा ।

नानाशस्त्रप्रहरणाः , → नानाशस्त्रप्रहरणाहा ,

युद्धविशारदाः ॥ → युद्धविशारदाहा ॥

1.15 Verse as written, with sandhis and conjuncts together

पाञ्चजन्यं हृषीकेशो देवदत्तं धनञ्जयः ।
पौण्ड्रं दध्मौ महाशङ्खं भीमकर्मा वृकोदरः ॥ १.१५

Verse as chanted, pausing at each pada i.e. Quarter verse

पाञ्चजन्यं हृषीकेशः ,	पाञ्च-जन्यं हृषी-केशः ,
देवदत्तं धनञ्जयः ।	देव-दत्तं धनञ्-जयः ।
पौण्ड्रं दध्मौ महाशङ्खम् ,	पौण्ड्रं दध्मौ महा-शङ्-खम् ,
भीमकर्मा वृकोदरः ॥ १.१५	भीम-कर्मा वृकोदरः ॥ १.१५

Chanting Notes

हृषीकेशः ,

Here the written verse has हृषीकेशो , wherein a visarga has changed to ओकार due to sandhi. However for chanting, we see that visarga is immediately followed by a **pause**. Hence it is to be enunciated as हकार along with sound of previous vowel, in this case अकार । So chant the visarga as ह्+अ = ह → हृषीकेशह ,

2 Yoga of Meeting The Lord

ॐ श्री परमात्मने नमः । अथ द्वितीयोऽध्यायः

2.50 Verse as written, with sandhis and conjuncts together

बुद्धियुक्तो जहातीह उभे सुकृतदुष्कृते ।
तस्माद्योगाय युज्यस्व योगः कर्मसु कौशलम् ॥ २.५०

Verse as chanted, pausing at each pada i.e. Quarter verse

बुद्धियुक्तो जहातीह , उभे सुकृतदुष्कृते । तस्माद्योगाय युज्यस्व , योगᳵ कर्मसु कौशलम् ॥ २.५०	बुद्धि-युक्तो जहा-तीह , उभे सुकृत-दुष्कृते । तस्माद्-योगाय युज्-यस्व , योगᳵ कर्मसु कौशलम् ॥ २.५०

Chanting Notes

बुद्धियुक्तः ज → बुद्धियुक्तो ज

Here the written verse has बुद्धियुक्तो , wherein a visarga has changed to ओकार due to sandhi. *Same for chanting.*

योगः क → योगᳵ क

Here the visarga is immediately followed by a क् / ख् । Hence it is to be enunciated as हकार । So chant the visarga as ह् → योगह् क

2.55 Verse as written, with sandhis and conjuncts together
श्री भगवानुवाच
प्रजहाति यदा कामान्सर्वान्पार्थ मनोगतान् ।
आत्मन्येवात्मना तुष्टः स्थितप्रज्ञस्तदोच्यते ॥ २.५५
Verse as chanted, pausing at each pada i.e. Quarter verse
श्री भगवान् उवाच

प्रजहाति यदा कामान् , सर्वान्पार्थ मनोगतान् । आत्मन्येवात्मना तुष्टः , स्थितप्रज्ञस्तदोच्यते ॥ २.५५	प्रज-हाति यदा कामान् , सर्वान्-पार्थ मनो-गतान् । आत्-मन्ये-वात्-मना तुष्टः , स्थित-प्रज्ञस्-तदोच्यते ॥ २.५५

Chanting Notes

स्थितप्रज्ञः तदोच्यते → स्थितप्रज्ञस् तदोच्यते → स्थितप्रज्ञस्तदोच्यते

Here the written verse has स्थितप्रज्ञस्तदोच्यते, wherein a visarga has changed to सकार due to sandhi. *Same for chanting.*

तुष्टः स्थितप्रज्ञस्तदोच्यते → तुष्टः , स्थितप्रज्ञस्तदोच्यते

Here even though the visarga is followed by a सकार , it does not change, since there is a pause तुष्टः , during chanting.

4 Yoga of Intention

ॐ श्री परमात्मने नमः । अथ चतुर्थोऽध्यायः

4.7 Verse as written, with sandhis and conjuncts together

यदा यदा हि धर्मस्य ग्लानिर्भवति भारत ।
अभ्युत्थानमधर्मस्य तदाऽऽत्मानं सृजाम्यहम् ॥ ४.७

Verse as chanted, pausing at each pada i.e. Quarter verse

यदा यदा हि धर्मस्य ,	यदा यदा हि धर्-मस्य ,
ग्लानिर्भवति भारत ।	ग्लानिर्-भवति भारत ।
अभ्युत्थानम् अधर्मस्य ,	अभ्युत्-थानम् अधर्मस्य ,
तदात्मानं सृजाम्यहम् ॥ ४.७	तदात्-मानं सृजाम्य-हम् ॥ ४.७

Chanting Notes

ग्लानिः भवति → ग्लानिर् भवति → ग्लानिर्भवति

Here the written verse has ग्लानिर्भवति, wherein a visarga has changed to रेफ due to sandhi. *Same for chanting.*

4.24 Verse as written, with sandhis and conjuncts together
ब्रह्मार्पणं ब्रह्महविर्ब्रह्माग्नौ ब्रह्मणा हुतम् ।

ब्रह्मैव तेन गन्तव्यं ब्रह्मकर्मसमाधिना ॥ ४.२४

Verse as chanted, pausing at each pada i.e. Quarter verse

ब्रह्मार्पणं ब्रह्म हविः ,	ब्रह्मार्-पणं ब्रह्म हविः ,
ब्रह्माग्नौ ब्रह्मणा हुतम् ।	ब्रह्म-आग्नौ ब्रह्मणा हुतम् ।
ब्रह्मैव तेन गन्तव्यम् ,	ब्रह्मैव तेन गन्-तव्यम् ,
ब्रह्मकर्मसमाधिना ॥ ४.२४	ब्रह्म-कर्म-समाधिना ॥ ४.२४

Chanting Notes

ब्रह्महविर्ब्रह्माग्नौ → ब्रह्महविः , ब्रह्माग्नौ

ब्रह्महविः ,

Here the visarga is immediately followed by a pause. Hence it is to be enunciated as हकार along with sound of previous vowel, in this case इकार । So chant the visarga as ह्+इ = हि → ब्रह्महविहि ,

18 Yoga of Liberation

ॐ श्री परमात्मने नमः । अथ अष्टादशोऽध्यायः

18.66 Verse as written, with sandhis and conjuncts together

सर्वधर्मान्परित्यज्य मामेकं शरणं व्रज ।

अहं त्वा सर्वपापेभ्यो मोक्षयिष्यामि मा शुचः ॥ १८.६६

Verse as chanted, pausing at each pada i.e. Quarter verse

सर्वधर्मान्परित्यज्य ,	सर्व-धर्मान् परि-त्यज्य ,
मामेकं शरणं व्रज ।	मामेकं शरणं व्रज ।
अहं त्वा सर्वपापेभ्यः ,	अहं त्वा सर्व-पापे-भ्यः ,
मोक्षयिष्यामि मा शुचः ॥ १८.६६	मोक्ष-यिष्-यामि मा शुचः ॥ १८.६६

Panini's Ashtadhyayi Rules for Consonant Sandhi

A few sandhi rules are given, those that help differentiate between Bhagavad Gita as recited vs as written.

जश् त्वम्

8.2.39 झलां जशोऽन्ते ।

The झल् letter at the end of a word is replaced by a corresponding जश् letter.

Definition of झल् letter = Maheshwar Sutras 8, 9, 10, 11, 12, 13, 14 = 1st 2nd 3rd 4th letters of class consonants and sibilants श् ष् स् and aspirate ह् ।

Definition of जश् letter = Maheshwar Sutra 10 = 3rd letter of each class consonant = ग् ज् ड् द् ब् ।

श्चु त्वम्

8.4.40 स्तोः श्चुना श्चुः ।

The स् facing a श् changes to श् ।

The स् facing a चवर्ग letter changes to श् ।

The तवर्ग letter facing a श् changes to corresponding चवर्ग ।

The तवर्ग letter facing चवर्ग letter changes to corresponding चवर्ग ।

e.g. verse 4.33 यज्ञात् ज्ञानयज्ञः → 8.2.39 → यज्ञाध् ज्ञानयज्ञः → यज्ञाध् ज् ञ् आनयज्ञः → 8.4.40 → यज्ञाज् ज् ञ् आनयज्ञः → यज्ञाज् ज्ञानयज्ञः → यज्ञाज्ज्ञानयज्ञः as written. However for recitation, there is a pause यज्ञात् , ज्ञानयज्ञः as recited.

चर् त्वम्

8.4.55 खरि च ।

The झल् letter when followed by a खर् letter is replaced by a corresponding चर् letter. The sibilants will be replaced by themselves.

Definition of झल् letter – Maheshvarani Sutrani 8 9 10 11 12 13 14 = 1st 2nd 3rd 4th letters of class consonants and sibilants श् ष् स् and aspirate ह् । *ह् is not considered here because it undergoes other sandhis.*

Definition of चर् letter – Maheshvarani Sutrani 11, 12, 13 – all are hard consonants = The 1st letter of each class consonant क् च् ट् त् प् and sibilants श् ष् स् ।

Definition of खर् letter – Maheshvarani Sutrani 11, 12, 13 – all are hard consonants = The 1st and 2nd letters of each class consonant क् ख् च् छ् ट् ठ् त् थ् प् फ् and sibilants श् ष् स् ।

e.g. verse 5.4 सम्यक् उभयोर्विन्दते → 8.2.39 → सम्यग् उभयोर्विन्दते → सम्यगुभयोर्विन्दते as written. However during recitation there is a pause सम्यग् , → 8.4.56 → सम्यक् , as recited.

8.4.56 वाऽवसाने ।

The झल् letter facing a pause or fullstop is replaced by a corresponding चर् letter, Optionally.

Definition of झल् letter – Maheshvarani Sutrani 8 9 10 11 12 13 14 = 1st 2nd 3rd 4th letters of all class consonants and sibilants श् ष् स् and aspirate ह् । *Note – श् , ष् , स्, and ह् are not considered here because they undergo other sandhis.*

Definition of जश् letter – Maheshvarani Sutrani 10 = The 3rd letter of each class consonant = ग् ज् ड् द् ब् ।

Definition of चर् letter – Maheshvarani Sutrani 11, 12, 13 = The 1st letter of each class consonant and sibilants = क् च् ट् त् प् , श् ष् स् ।

e.g. verse 5.4 सम्यक् उभयोर्विन्दते → 8.2.39 → सम्यग् उभयोर्विन्दते → सम्यगुभयोर्विन्दते as written. However during recitation there is a pause सम्यग् , → 8.4.56 → सम्यक् , as recited.

ङम् आगम त्वम्

8.3.32 ङमो ह्रस्वादचि ङमुण्नित्यम् ।

When the nasals ङ् , ण् , न् are preceded by a ह्रस्व-vowel and are followed by any vowel, then these nasals are doubled. Precisely, the ह्रस्व-vowel gets a ङम् आगमः ।

Definition of ङम् letters – Maheshwar Sutra 7 = ङ् ण् न्
i.e. the guttural, cerebral and dental nasals.

e.g. verse 5.8 जिघ्रन् अश्नन् → 8.3.32 → जिघ्रन्न् अश्नन् → जिघ्रन्नश्नन् as written. However during recitation there is a pause जिघ्रन् , अश्नन् as recited.

e.g. verse 5.9 गृह्णन्नुन्मिषन् as written. However during recitation there is a pause गृह्णन् , उन्मिषन् as recited.

नश्छव्य् त्वम्

8.3.7 नश्छव्य् अप्रशान् ।

When a पदान्त न् is followed by छव् letter that itself is followed by अम् letter, then the न् is replaced by रुँ , except for word प्रशान् ।

8.3.2 अत्रानुनासिकः पूर्वस्य तु वा ।

The letter preceding (that letter for which रुँ has been substituted), is replaced by a nasal vowel, Optionally.

1.3.2 उपदेशेऽजनुनासिक इत् ।

In this grammar, a nasalized letter is a Tag.

Definition of छव् letter – Maheshwar Sutra 11 = छ् ठ् थ् च् ट् त्

i.e. the hard palatal, cerebral and dental consonants.

Definition of अम् letter – Maheshwar Sutras 1 2 3 4 5 6 7

i.e. all vowels, semivowels, nasals, aspirate = अ आ इ ई उ ऊ ऋ ॠ ऌ ए ऐ ओ औ , य् र् ल् व् , ङ् ञ् ण् न् म् , ह् ।

e.g. verse 5.27 बाह्यान् चक्षुः → बाह्यान् च् अ क्षुः → 8.3.7 → बाह्यारुँ चक्षुः → 8.3.2 + 8.3.4 → बाह्य् आं रुँ चक्षुः → बाह्यांरुँ चक्षुः → 1.3.2 → बाह्यांर् चक्षुः → 8.3.15 → बाह्यां ः चक्षुः → 8.3.34 + 8.4.40 बाह्यां श् चक्षुः → बाह्यांश्चक्षुः as written. However during recitation there is a pause बाह्यान् , चक्षुः as recited.

e.g. verse 6.24 कामांस्त्यक्त्वा as written. However during recitation there is a pause कामान् , त्यक्त्वा as recited.

सुँ लोप त्वम्

6.1.132 एतत्तदोः सुलोपोऽकोरनञ्समासे हलि ।

For the words एषः and सः made by the 1st case singular vibhakti सुँ , this vibhakti सुँ is dropped when any consonant follows.

e.g. verse 3.37 एष रजोगुणसमुद्भवः as written. However during recitation there is a pause एषः , रजोगुणसमुद्भवः as recited.

एच् लोप त्वम्

6.1.78 एचोऽयवायावः ।

When vowel एच् (ए ऐ ओ औ) is followed by अच् any vowel, then it are replaced by अय् आय् अव् आव् respectively. By extrapolation we add to it अर् आर् अल् ।
Definition of एच् letter – Maheshwar Sutras 3 and 4 = ए ऐ ओ औ
Definition of अच् letter – Maheshwar Sutras 1 2 3 and 4 = all vowels अ आ इ ई उ ऊ ऋ ॠ ऌ ए ऐ ओ औ

8.3.19 लोपः शाकल्यस्य ।

पदान्त य् or व् when preceded by अवर्ण and followed by अश् is dropped, Optionally. There is no further Sandhi. Usually seen after अयाव् sandhi.

e.g. verse 16.15 मोदिष्ये इत्यज्ञानविमोहिताः → मोदिष्य् ए इत्यज्ञानविमोहिताः → 8.3.7 → मोदिष्य् अय् इत्यज्ञानविमोहिताः → मोदिष्यय् इत्यज्ञानविमोहिताः → 8.3.19 → मोदिष्य इत्यज्ञानविमोहिताः as written. However during recitation there is a pause मोदिष्ये , इत्यज्ञानविमोहिताः as recited.

अनुनासिक त्वम्

8.4.45 यरोऽनुनासिकेऽनुनासिको वा ।

A पदान्त यर् letter followed by ञम् nasal consonant is optionally replaced by the nasal of its own class.

Definition of यर् = all consonants, except ह् aspirate.
Definition of ञम् = all nasals = ङ् ञ् ण् न् म्

e.g. verse 10.39 स्यात् मया → 8.4.45 → स्यान् मया → स्यान्मया as written. However during recitation there is a pause स्यात् , मया as recited.

तोर्लि त्वम्

8.4.60 तोर्लि ।

A consonant of तवर्ग followed by ल् is replaced by one homogenous with the latter. By this Sandhi, तकार facing लकार gets replaced by लकार, as both त् ल् are dental consonants, hence homogenous.

e.g. verse 11.30 समन्तात् लोकान् → 8.4.60 → समन्ताल् लोकान् → समन्ताल्लोकान् as written. However during recitation there is a pause समन्तात् , लोकान् as recited.

Panini's Ashtadhyayi Rules for Visarga

Visarga ◌ः : results from final (पदान्त) र् or स् ।

8.2.66 ससजुषोः रुँ ।
Appearance of रुँ from सकार ।

- Final स् of any word changes to रुँ → र्
- Final ष् of the word सजुष् changes to रुँ → र्

8.3.15 खर् अवसानयोः विसर्जनीयः ।
Appearance of Visarga.

- When a Final repha र् is followed by खर् hard consonant or a sibilant, Visarga appears in place of repha.
- When a Final repha र् is followed by Virama (pause), Visarga appears in place of repha.

Definition of खर् – 1st 2nd letters of the class consonants क् ख् च् छ् ट् ठ् त् थ् प् फ् which are hard consonants, श् ष् स् sibilants.

Definition of Virama – (। ॥ ,) danda, double danda, comma.

Visarga changes to ओ by रुत्व + उत्व + गुणसन्धिः

8.2.66 ससजुषोः रुँ ।
Final स् changes to र्

6.1.114 हशि च ।
र् preceded by अ and followed by हश् letter, changes to उ

6.1.87 आद्गुणः ।
When अवर्ण is followed by अच् any vowel, then both letters are replaced by the corresponding गुण letter.

Summary - Visarga [preceded by अ and followed by soft consonant or semivowel or aspirate] changes to ओ

e.g. verse 2.50 बुद्धियुक्तः जहातीह → 8.2.66 → बुद्धियुक्तर् जहातीह → 6.1.114 → बुद्धियुक्तउ जहातीह → 6.1.87 → बुद्धियुक्तो जहातीह

Definition of हश् – soft consonants, semivowels, aspirate
हश् – ग् घ् ङ् ज् झ् ञ् ड् ढ् ण् द् ध् न् ब् भ् म् , य् र् ल् व् , ह्
Definition of अच् – any vowel
अच् – अ आ इ ई उ ऊ , ऋ ॠ ऌ , ए ऐ ओ औ

Visarga changes to र्

6.1.114 हशि च ।
र् preceded by अ and followed by हश् letter, changes to उ

8.2.66 ससजुषोः रुँ ।
Final स् changes to र्

8.3.15 खर् अवसानयोः विसर्जनीयः ।
Appearance of Visarga.
- When a Final repha र् is followed by खर् hard consonant or a sibilant, Visarga appears in place of repha.
- Conversely, if final repha is not followed by खर् then instead of visarga the repha remains, only when repha is not preceded by अ (otherwise 6.1.114 shall apply)

In summary, Visarga [preceded by इच् and followed by हश्] changes to र्

Definition of इच् – any vowel except अ आ
Definition of हश् – soft consonant or semivowel or aspirate

e.g. 1.21, 1.24 सेनयोरुभयोः मध्ये → सेनयोरुभयोर् मध्ये → सेनयोरुभयोर्मध्ये
e.g. verse 1.32 भोगैः जीवितेन → भोगैर् जीवितेन → भोगैर्जीवितेन
e.g. verse 4.7 ग्लानिः भवति → ग्लानिर् भवति → ग्लानिर्भवति
e.g. verse 4.24 ब्रह्महविः ब्रह्माग्नौ → ब्रह्महविर् ब्रह्माग्नौ → ब्रह्महविर्ब्रह्माग्नौ

Visarga changes to श् when facing श् or चवर्ग

8.3.34 विसर्जनीयस्य सः ।

Visarga when followed by hard consonant, changes to स्

8.4.40 स्तोः श्चुना श्चुः ।

When स् faces श् the स् changes to श् , And
When स् faces a letter of चवर्ग, the स् changes to श् , And
When a letter of तवर्ग faces a letter of चवर्ग, the तवर्ग letter changes to corresponding letter of चवर्ग

e.g. verse 1.1 पाण्डवाः चैव → 8.3.34 → पाण्डवास् चैव → 8.4.40 → पाण्डवाश् चैव → पाण्डवाश्चैव

e.g. verse 1.9 बहवः शूरा → 8.3.34 → बहवस् शूरा → 8.4.40 → बहवश् शूरा → बहवश्शूरा

Visarga changes to स्

8.3.34 विसर्जनीयस्य सः ।

पदान्त Visarga when followed by खर् letter changes to स्

Definition of खर् – 1st 2nd letter of row consonants (hard consonants) and sibilant श् ष् स्

खर् – क् ख् च् छ् ट् ठ् त् थ् प् फ् श् ष् स्

Due to 8.4.40 खर् letters च् छ् श् give other results.
Due to 8.3.37 खर् letters क् ख् प् फ् give other results.
Ultimately, this rule can be summarized as - Visarga at end of a word when followed by त् थ् स् changes to स्

e.g. verse 2.55 स्थितप्रज्ञः तदोच्यते → 8.3.34 → स्थितप्रज्ञस् तदोच्यते → स्थितप्रज्ञस्तदोच्यते

Visarga gets dropped by रुत्व + यत्व + लोप

8.2.66 ससजुषोः रुँ ।
Final स् changes to र्
8.3.17 भोभगोअघोअपूर्वस्य योऽशि ।
र् preceded by अवर्ण changes to य् when followed by letter of अश् pratyahara.

> Note – By 6.1.114, when preceded by अकार, another sandhi takes effect, so this leaves us with आकार ।

8.3.22 हलि सर्वेषाम् ।
य् (that is made from र्) when followed by a consonant gets dropped

Summary
- *Visarga [preceded by अ and followed by vowel] gets dropped.*

e.g. verse 12.16 दक्षः उदासीनः → 8.2.66 → दक्षर् उदासीनः → 8.3.17 → दक्षय् उदासीनः → 8.3.22 → दक्ष उदासीनः

- *Visarga [preceded by आ and followed by vowel, soft consonant or semivowel or aspirate] gets dropped.*

e.g. verse 1.9 शूराः मदर्थे → 8.2.66 → शूरार् मदर्थे → 8.3.17 → शूराय् मदर्थे → 8.3.22 → शूरा मदर्थे

Definition of अश् – vowel, soft consonant, semivowel, aspirate
अश् – अ आ इ ई उ ऊ ऋ ॠ ऌ ए ऐ ओ औ , ग् घ् ङ् ज् झ् ञ् ड् ढ् ण् द् ध् न् ब् भ् म् , य् र् ल् व् , ह्

Visarga may change to Ardhavisarga

8.3.37 कुप्वोः ◌ᳵक ᳵपौ च ।

Optionally

- Visarga to Ardhavisarga when followed by क् / ख् । This is called Jihvamuliya and hence enunciated as ह्
- Visarga to Ardhavisarga when followed by प् / फ् । This is called Upadhmaniya and hence enunciated as फ्

e.g. verse 1.1 मामकाः पाण्डवाश्चैव → 8.3.37 → मामकाᳵ पाण्डवाश्चैव

e.g. verse 2.50 योगः कर्मसु → 8.3.37 → योगᳵ कर्मसु

Due to the Optional clause, *very few pandits chant it as an Ardhavisarga. So either recitation is valid.*

Visarga does not change to Ardhavisarga

8.3.35 शर्परे विसर्जनीयः ।

If a Visarga is followed by a खर् letter that is further followed by a शर् letter, then Visarga remains.

Definition of खर् - 1st 2nd letters of the class consonants क् ख् च् छ् ट् ठ् त् थ् प् फ् which are hard consonants, and श् ष् स् sibilants.
Definition of शर् - श् ष् स् sibilants.

Due to this rule, if visarga is followed by क्ष (क् ष्) then the ardhavisarga by 8.3.37 does not happen.
e.g. Verse 2.32 सुखिनः क्षत्रियाः , Verse 10.34 धृतिः क्षमा , Verse 12.13 समदुःखसुखः क्षमी , Verse 16.3 तेजः क्षमा

Panini's Ashtadhyayi Rules for Anusvara

Anusvara ं is the result of a म् or न् । It is purely a nasal sound.

म् changes to Anusvara

8.3.23 मोऽनुस्वारः ।

- म् at end of a word (पदान्त) is replaced by Anusvara when a consonant follows.

- Conversely, if the following letter is a vowel, then the मकार remains unchanged.

This also means that if the following is a **pause**, then the मकार remains unchanged.

म् or न् changes to Anusvara

8.3.24 नश्चापदान्तस्य झलि ।

- म् or न् within a word (अपदान्त) will be replaced by Anusvara when a झल् letter follows.

Definition of झल् – all consonants except semivowels, nasals and the aspirate, i.e. 1st 2nd 3rd 4th letters of the class consonants and the sibilants.
e.g. verse 1.1 सञ्जय (संजय)
e.g. verse 1.15 महाशङ्खं (महाशंखं)

Anusvara changes to Nasal

8.4.58 अनुस्वारस्य ययि परसवर्णः ।

For अपदान्त (within a word)
- Anusvara followed by a यय् letter will be replaced by a nasal of the row class of the following consonant.
- Anusvara followed by a semivowel will be replaced by its nasalized equivalent.
- In case repha र् is following, then Anusvara remains since there is no nasal equivalent for repha.
- In case sibilant श् ष् स् ह् is following, then Anusvara remains.

Definition of यय् = any row class consonant or semivowel.

Replacement for Anusvara = ङ् ञ् ण् न् म् यँ ् लँ ् वँ ् ।

Anusvara may change to Nasal

8.4.59 वा पदान्तस्य ।

Optional For पदान्त (final letter of a word)
- The change to Nasal is Optional in case Anusvara is the final letter of a word, i.e. is in between two words.

Due to this rule, we find that Anusvara **within a word** is always changed to Nasal.

However when in between two words, i.e. the last letter of a word facing another word, some pandits chant it as a Nasal and others chant it as Anusvara. So either recitation is valid.

Visarga Anusvara Avagraha

Visarga Chanting Guidelines

The proper enunciation of Visarga is what makes the Gita chanting so powerful and revered. Be careful so that the following can be adhered to:

a) Visarga to हकार along with sound of previous vowel
b) Visarga to ओकार
c) Visarga to रेफ
d) Visarga to सकार
e) Visarga to शकार
f) Visarga to ह् Jihvamuliya or फ् Upadhmaniya
g) Visarga remains when facing क्ष and is hence chanted as हकार along with sound of previous vowel
h) Visarga gets dropped and is hence silent
i) A dropped Visarga reappears and must be chanted

Anusvara Chanting Guidelines

This rule is not so much enforced, *since most of us cannot pronounce the nasals precisely*. For most of us the Anusvara ◌ं sounds just like म् and that is just fine for chanting.

If needed for precision, it is a good idea to chant Anusvara

- as ङ् when facing क् / ख्
- as ञ् when facing च् / ज्
- as न् when facing त् / थ् / द्

provided it is not placed on a conjunct and the following letter is not a conjunct.

Avagraha Chanting Guidelines

An avagraha ऽ is a silent letter and is not to be chanted. It is not given in Panini's Ashtadhyayi.

Avagraha relates to
- अकार replaced by आकार due to sandhi, ऽ
- आकार replaced by आकार due to sandhi, ऽऽ
- A dropped अकार due to sandhi, ऽ
- It is not used to indicate conjunct where previous word ends in halant and next word begins with अ / आ

A later renowned grammarian introduced it to prevent loss of meaning, when various languages became prevalent and Sanskrit texts became prone to misinterpretation.

e.g. verse 11.4 दर्शयात्मानमव्ययम् ॥

Here Avagraha will not be used, since words दर्शय , आत्मानम् , अव्ययम् are clear to someone who knows Sanskrit.

e.g. Verse 9.32 येऽपि - Here Avagraha may be used to indicate a dropped अकार due to sandhi. यः अपि

e.g. Verse 11.20 दृष्ट्वाऽद्भुतं - Avagraha may use. दृष्ट्वा अद्भुतं

e.g. Verse 13.29 तथाऽऽत्मानम् - Avagraha may use. तथा आत्मानम्

Maheshwar Sutras

माहेश्वराणि सूत्राणि are sounds that are a rearrangement of the Devanagari Alphabet for grammatical use. Listed at the start of the Ashtadhyayi Sutrapatha.

1	अइउण्	All vowels = अच्
2	ऋऌक्	Simple vowels = अक्
3	एओङ्	Diphthongs = एच्
4	ऐऔच्	Semivowels = यण्
5	हयवरट्	All consonants = हल्
6	लँण्	ल्+अँ, No nasal for र्
7	ञमङणनम्	5th of row = Nasals = ञम्
8	झभञ्	4th of row = झष्
9	घढधष्	are all soft consonants
10	जबगडदश्	3rd of row = जश् (soft)
11	खफछठथचटतव्	1st and 2nd of row = खय् are all hard consonants
12	कपय्	
13	शषसर्	Sibilants (hard) = शर्
14	हल्	Aspirate is soft

Consonants have been written with अकार solely for enunciation.

But the लँण् = ल् अँ ण् contains लकार, anunasika Tag अँ, and a consonant Tag ण् ।

Maheshwar Sutras Elucidated

			The magic		
1	अ इ उ	ण्	All vowels = अच्	All vowels	Simple vowels
2	ऋ ऌ	क्	Simple vowels = अक्		
3	ए ओ	ङ्	Diphthongs = एच्		diphthongs
4	ऐ औ	च्	Semivowels = यण्		
5	ह य व र	ट्	All consonants = हल्	All consonants	Aspirate & Semi vowels
6	ल	ण्			
7	ञ म ङ ण न	म्	5th of row = all Nasals = ञम्		nasals
8	झ भ	ञ्	4th of row = झष्		Maha prana
9	घ ढ ध	ष्	= are soft consonants		
10	ज ब ग ड द	श्	3rd of row = जश् (soft consonants)		Alpa prana
11	खफछठथचटत	व्	1st and 2nd of row = खय्		1st and 2nd of row
12	क प	य्	= are hard consonants		
13	श ष स	र्	Sibilants are hard consonants = शर्		
14	ह	ल्	Aspirate is soft consonant		

			Mouth Tongue Position	
1	अ इ उ	ण्	Guttural, palatal, labial	Simple vowels
2	ऋ ऌ	क्	Cerebral, dental	
3	ए ओ	ङ्	Gutturo-palatal, gutturo-labial	diphthongs
4	ऐ औ	च्	Gutturo-palatal, gutturo-labial	
5	ह य व र	ट्	Guttural, dento-labial, dento-labial, dento-labial	Aspirate & semivowels
6	ल	ण्	dento-labial अन्तःस्थः	
7	ञ म ङ ण न	म्	Palatal, labial, guttural, cerebral, dental	nasals
8	झ भ	ञ्	Palatal, labial	Maha prana
9	घ ढ ध	ष्	Guttural, cerebral, dental	
10	ज ब ग ड द	श्	Palatal, labial, guttural, cerebral, dental	Alpa prana
11	ख फ छ ठ थ च ट त	व्	Guttural, labial, palatal, cerebral, dental, palatal, cerebral, dental	Maha prana
12	क प	य्	Guttural, labial	Alpa prana
13	श ष स	र्	Sibilants – उष्माण: hot	Alpa prana
14	ह	ल्	Aspirate – breathe in	Maha prana

Pratyaharas

SN	Maheshwar Sutras	Pratyaharas	Count
1	अइउण्	अण्	1
2	ऋऌक्	अक् इक् उक्	3
3	एओङ्	एङ्	1
4	ऐऔच्	अच् इच् एच् ऐच्	4
5	हयवरट्	अट्	1
6	लँण्	अण् इण् यण् रँ	3
7	ञमङणनम्	अम् यम् ङम् ञम्	3
8	झभञ्	यञ्	1
9	घढधष्	झष् भष्	2
10	जबगडदश्	अश् हश् वश् झश् जश् बश्	6
11	खफछठथँचटतव्	छव् खँ	1
12	कपय्	यय् मय् झय् खय् चय् ञय्	4
13	शषसर्	यर् झर् खर् चर् शर्	5
14	हल्	अल् हल् वल् रल् झल् शल्	6
		Basic Count of Pratyaharas =	41
Extended Count 41 + 3 = 44 + 2 with later grammarians =			46

References

https://www.gitasupersite.iitk.ac.in/
https://sanskrit.uohyd.ac.in/scl/
https://ashtadhyayi.com/sutraani/

Padmini Chandrashekhar sings the Gita
https://www.youtube.com/watch?v=kO8Bbg6wTHs

Lata Mangeshkar sings the Gita
https://www.youtube.com/watch?v=irqkpb-1Jmc

Swami Brahmananda sings the Gita
https://www.youtube.com/watch?v=HN5f2CGKmXk

Swami Paramarthananda sings the Gita
https://www.youtube.com/watch?v=dOigTv93CG8

Bangalore Ashram Vaidic Pujas
https://www.youtube.com/watch?v=KOlYCkNE8-0

Ashwini Kumar Aggarwal – Sanskrit Sandhi Handbook – 1st – 2019 – Devotees of Sri Sri Ravi Shankar Ashram, Punjab.
Ashwini Kumar Aggarwal – Bhagavad Gita Reader: All verses in 4 Quarters – 1st – 2017 – Devotees of Sri Sri Ravi Shankar Ashram, Punjab.

Bhagavad Gita Chanting Books
https://www.amazon.com/dp/1521063370/
https://books.apple.com/us/book/bhagavad-gita-reader/id1405805937
https://play.google.com/store/books/details?id=94I4DwAAQBAJ
https://play.google.com/store/books/details?id=kt1hEAAAQBAJ
https://www.zorbabooks.com/store/religion/bhagavad-gita-recitation/

Epilogue

The Bhagavad Gita is a friend.

सर्वे भवन्तु सुखिनः । सर्वे सन्तु निरामयाः ।
सर्वे भद्राणि पश्यन्तु । मा कश्चिद् दुःख भाग् भवेत् ॥
ॐ शान्तिः शान्तिः शान्तिः ॥

When faith has blossomed in life, Every step is led by the Divine.
              Sri Sri Ravi Shankar

Om Namah Shivaya

जय गुरुदेव

www.ingramcontent.com/pod-product-compliance
Lightning Source LLC
LaVergne TN
LVHW020418070526
838199LV00055B/3657
* 9 7 8 9 3 9 5 7 6 6 2 2 7 *